CRECE feliz

Marco Escalona

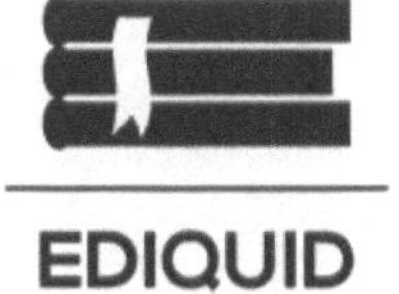

EDIQUID

CRECE FELIZ
© Marco Escalona

Editado por: Corporación Ígneo, S.A.C.
para su sello editorial Ediquid
José Olaya 169, Ofic. 504, Miraflores. Lima, Perú
Primera edición, diciembre, 2023

ISBN: 979-887-4430-88-7
Impresión bajo demanda

Hecho el Depósito Legal en la Biblioteca Nacional del Perú N° 2023-12052
Se terminó de imprimir en diciembre del 2023 en:
ALEPH IMPRESIONES SRL
Jr. Risso Nro. 580 Lince, Lima

www.grupoigneo.com
Correo electrónico: contacto@grupoigneo.com
Facebook: Grupo Ígneo | X: @editorialigneo | Instagram: @grupoigneo

Colección: Integrales

Contenido

Primer capítulo

La actividad humana, una clasificación previa para entender mejor

Segundo capítulo

Tercer capítulo

Historia del señor de los semáforos

Autor

Marco Escalona

No se es alguien solo por tener títulos escolares, por lo que omitiré esa parte de mi vida. No creo que la medición de un ser humano funcione con base en su grado de estudios; creo más bien en el aprendizaje perpetuo, pero siempre estaré agradecido por haber tenido el privilegio de prepararme.

Soy un simple ser humano apasionado por ayudar, construir, crear, abrir la mente y usar la creatividad para enfrentar los retos de la vida y luchar por un futuro mejor al contribuir con el crecimiento humano y de los negocios. Quiero ayudar a tener un mejor país y, por lo tanto, un mejor planeta.

Dedicatoria

A ti, Dios mío, por la abundancia y sabiduría que me has dado para intentar ayudar al prójimo y estar siempre a mi lado. Dejo plena y abiertamente mi ser en tus manos para recibir el futuro que has diseñado para mí.

A mi linda esposa, Bimbito, a quien amo profundamente y a quien tengo tantas cosas que agradecerle que no cabrían en una enciclopedia completa. Gracias a su persistencia he logrado CRECER, a veces haciendo cosas que normalmente no pongo como prioridad hasta que ella me ha hecho ver la importancia de atenderlas con ese sentido de urgencia, y solo así he avanzado. Gracias, Bimbito.

A Emilia que, desde que llegó a nuestra vida, nos ha vuelto locos y revolucionado con su divertida forma de ver la vida.

A Cherry Sarita, quien trajo a nuestra vida una muestra de sensibilidad y realidad bondadosa en pro de los demás.

A mi madre, quien construyó mi mente. Gracias a ella soy lo que soy, pienso lo que pienso y creo en lo que creo; gracias a su amor infinito, hoy soy muy feliz.

A mi padre, de quien logré entender que la felicidad depende de uno y no de nadie más. Sin importar el qué dirán, vivió al máximo su vida.

A mis increíbles hermanos, Luis, Juan y Miguel, de quienes llevo algo en mi formación y deformación humana.

Por último, a mi perro Lucas, quien ha sido el mejor amigo que tenido por mucho tiempo.

Un agradecimiento especial a los asesores de negocio que me ayudaron a diseñar, implementar y ajustar la metodología CRECE. Sin ustedes, no se hubiera podido comprobar el éxito de este método: Marisol Hernández, Erika Armenta, Diana Rodea, Pedro Mondragón, Ángel Flores, Martín Chávez, Daniel Carmona, Jorge Ramos, Luis Guillermo Juárez y Emmanuel Rodríguez.

De la misma forma, quiero agradecer todos mis familiares, amigos y conocidos por ser actores de mi obra llamada «vida». Algunos serán nombrados en su momento en alguna parte del libro. Gracias por cruzarse en mi camino y ser parte de mi historia.

Prólogo

Cuando reflexiono sobre la importancia de trascender, me llegan a la mente conceptos tales como compartir, dejar huella, ayudar… *crecer*.

Cuando conocí a Marco en un programa de capacitación, reconocí en su sonrisa y en su forma de mirar que ninguna de las condiciones humanas recién mencionadas le son ajenas sino, por el contrario, son parte de su esencia y, por ello, cercanas. Es a través de este libro donde, seguramente, comenzará para él este viaje sin regreso en el gratificante camino de trascender.

De forma sencilla y con muchos ejemplos que podrían ser aplicables en diferentes industrias y empresas de distintos tamaños, este libro resalta a mi entender una dualidad inseparable: qué hacer para **crecer nuestro negocio a nivel profesional** y darnos cuenta de que está intrínsecamente relacionado con nuestra **felicidad a nivel personal.**

Alguna vez entendí que cuando alguien escribe un libro, debe *haberse ganado el derecho* para poder escribirlo… Y sí, el autor tiene un profundo conocimiento en el mundo de los negocios, especialmente en el de *retail*, y ha destacado por muchos años, teniendo resultados tangibles a lo largo y ancho de nuestro país.

Así como Marco sabe lo que significa levantar la cortina de una tienda o abrir la puerta de un negocio, de la misma forma él levanta la cortina de su conocimiento y abre la puerta de su corazón de manera sencilla y generosa para compartir con nosotros buenas prácticas y así tener éxito en un mundo cada vez más competitivo.

Crecer siempre es una decisión. Ahora ya tienes este libro en tus manos.

César Solares Ponce de León
CEO Dale Carnegie, México, Región Central

Introducción

CRECER desde mi propia experiencia.

Quiero iniciar aclarando algo que debería ser natural para todos, pero que a veces no lo es: ni yo ni nadie tenemos la verdad absoluta, porque la verdad no existe; existe lo que va sucediendo en la vida y lo que cada quien interpreta de ella.

En este libro describiré mi interpretación acerca de lo que me ha pasado, es decir, desde mi experiencia que, estoy seguro, es diferente a la tuya. Es probable que te pueda servir como base para cuestionar tu propia interpretación de lo que sí es posible y, sobre todo, de lo que puede sucederte en el futuro.

No pretendo que estas líneas transformen al país ni mucho menos que, al leerlas, se resuelva la vida de nadie; tampoco pretendo que por arte de magia la mente o el negocio de los lectores crezca de manera automática. Es mi responsabilidad aclarar que no hay recetas secretas para el crecimiento de ningún negocio y que, al menos en este libro, no la van a encontrar. Si algún autor te hace una oferta de valor de esa magnitud es porque su verdadero objetivo no es tu transformación sino tu dinero.

De lo que sí estoy seguro es que aquel lector que hoy no cuenta, al menos, con un bosquejo de un plan para su crecimiento y el de su negocio, o ese pequeño o grande empresario que no se ha atrevido a pensar en ello, que después de leer estas líneas y hacer una reflexión profunda y positiva en torno a su propia situación, además de atreverse a dar pasos hacia adelante con la metodología propuesta, tendrán mejores resultados que el seguir sin un rumbo claro.

Apuntar a la luna y llegar a las estrellas te hará llegar más lejos que seguir sin una dirección clara en la mente. Si no sabes adónde vas, ya llegaste.

El método CRECE no es una panacea y mucho menos impacta en las personas y los negocios de la misma manera. Este es, entonces, un libro donde quiero compartir mis ideas y el resultado de muchas decisiones, tanto buenas como malas, que he tomado en mi vida en torno al crecimiento. Son recomendaciones basadas en mi propia experiencia de vida, pero se vale pensar diferente y cuestionar, una y otra vez, cualquier metodología que conozcamos e inclusive se vale crear tu propio método como yo lo hice.

Si estas líneas logran ayudar a una sola persona habrá valido la pena el tiempo que ocupé para escribirlo. Pero si logran ayudar a diez, a mil, a cien mil o a un millón de personas, habré trascendido en el tiempo y eso sí me haría sentir muy satisfecho de mi propia existencia.

Ese es mi objetivo principal, aunque siempre he pensado que estamos en esta tierra para compartir nuestras experiencias entre nosotros, para ayudarnos y vivir lo mejor posible el tiempo que estemos en ella. Me encantaría que al no estar en este mundo, pudiera dejar algo que salió de mi cabeza y que es parte de mi historia en pro de alguien más. Es como trascender más allá de la muerte.

Así que prepárese a leer mi historia, llena de recomendaciones e ideas para construir un mejor futuro para ti y tu negocio, a través de mi experiencia de vida, de lo que fui y de lo que soy.

La fórmula es sencilla: el lector podrá atreverse a construir un nuevo mapa mental para buscar un verdadero cambio en su vida.

Aclaro que no tiene nada que ver con ser positivo o echarle ganas, ni con fórmulas mágicas bajadas de la red; más bien, tiene que ver con el diseño de un mapa reflexivo, realista y alcanzable, en donde podrá identificar lo que en este momento siente, piensa, necesita y quiere, iniciando por entender el momento que está viviendo y la posición que ocupa (posición A). Si este modelo reflexivo se hace de manera apropiada, desde el interior de cada lector, ya habremos logrado el 50 % del objetivo por lo que, después, se buscará que cada uno de ustedes haga un trazo mental de lo que le gustaría para su futuro y así identificar los pasos a seguir a través de un mapa para alcanzar el siguiente nivel (posición B), esperando que ese cambio provoque, sin duda, un crecimiento.

Pero ¿cómo saber que estamos creciendo? Cuando escuchas a mucha gente hablar de que tiene diez, quince, veinte o más años de experiencia, deberíamos preguntarnos si en verdad se ha generado la misma y un crecimiento en ellos durante ese tiempo, o solo ha pasado la vida ante sus ojos. CRECER tiene muchos significados y la respuesta que más me gusta para alinear este libro hacia un crecimiento genuino, es que seamos una mejor versión de nosotros mismos y que con el tiempo logremos ser más sabios, ayudar a más personas, construir un patrimonio más sólido, ampliar nuestra humildad, entender mucho mejor lo esencial de la vida y tener paz permanente, es decir, vivir de manera apacible cada día.

El sistema que vamos a analizar funciona siempre y cuando el análisis que haga el lector esté basado en una reflexión muy personal y profunda acerca de lo que es alcanzable, viable y, lo más importante, que sea posible. Dado que es un tema muy personal, no se puede aplicar una regla estándar para todos los casos.

En la primer parte de este libro, nos dedicaremos a analizar a la persona como individuo, buscando entender la forma en que genera sus ingresos y la posición en la que se encuentra en este momento. Luego, identificaremos a qué grupo pertenece esa persona, ya que lo que buscamos es establecer diferentes alternativas en función al mismo o al más similar posible, en cuanto a las actividades y objetivos para generar sus ingresos.

Una vez identificada la persona y el grupo al que pertenece, revisaremos los diferentes modelos de negocio que existen y el sistema que usan para la generación de sus ingresos, considerando el impacto que tiene en el desarrollo de su país pues, al final del día, esto también forma parte de un gran sistema que está relacionado con el planeta entero.

CRECER con un propósito, hace mucho más sentido que pensar solo en la acumulación de riqueza. Por ello la importancia de comenzar desde el origen de cualquier negocio que no es más que la persona, que, en conjunto con un grupo, hace que se muevan las empresas y si logramos entender lo que motiva a cada una de ellas, estoy seguro de que lograremos una verdadera transformación hacia dónde queremos enfocarnos.

Es muy probable que el título de este libro resulte controversial para muchos y esto quizás esté motivado por la óptica con que las personas ven su propia vida o cómo algunos empresarios ven sus negocios. Pero ¿qué significa CRECER? Para algunos, CRECER significa un gran riesgo; para otros, genera una emoción y, a la vez, un gran miedo que los inmoviliza. Hay otro grupo que está convencido de CRECER, sin embargo, no está dispuesto a hacer lo necesario para lograrlo; otro grupo siente un autobloqueo especial que no le permite clarificar un camino para poder hacerlo y también tenemos aquellos que permanecen en un área de confort y no quieren tener más problemas de los que ya tienen. Por último, existe un grupo al que le hace tanto sentido CRECER que no puede dejar de hacerlo.

Desde mi punto de vista, todas las posiciones son muy válidas. Si este documento ayuda e inspira a aquellos que no tienen muy claro la forma en que pueden lograr un cambio en su vida y la forma en que pueden plantear su crecimiento personal o empresarial, el objetivo de este se habrá logrado.

¿Por qué CRECER? La respuesta es complicada desde el punto de vista personal, pero este libro no pretende escudriñar la mente del humano y la complejidad de esta, por lo que hablaremos del tema desde el punto de vista de la generación de ingresos y crear una mejor posición económica, con el fin de poder compartirlo y ayudar al mayor número de personas posible. Para muchas personas, CRECER significa un cambio complejo, pero estoy seguro que tal vez no lo han intentado por miedo a fracasar.

Cuando eres empresario es más sencilla la respuesta del por qué CRECER, ya que en esta posición se tiene una gran responsabilidad familiar, social, económica y personal.

Familiar, porque aquel empresario que entiende que si su negocio está bien administrado genera utilidades y CRECE, es posible convertirlo en un patrimonio familiar del que depende la alimentación, techo, seguridad, paz, tranquilidad y el futuro de su propia familia que, a veces, logra transformarse en un patrimonio heredable por muchas generaciones como una actividad digna para vivir.

Social, porque el empresario que entiende que si su negocio está bien administrado genera utilidades y CRECE, está contribuyendo a que los colaboradores de su empresa puedan llevar alimentación, techo, seguridad, paz, tranquilidad y un mejor futuro a sus familias, desarrollando una actividad digna para vivir.

También social, porque el empresario que entiende que si su negocio está bien administrado genera utilidades y CRECE, además de que sus productos o servicios sean beneficiosos para el humano, para la sociedad y para el planeta, está contribuyendo a que el mundo sea un mejor lugar para vivir.

Económica, porque el empresario que entiende que si su negocio está bien administrado genera utilidades y CRECE, está contribuyendo de manera económica con su patria al cumplir de manera correcta con el pago de impuestos para lograr un mayor desarrollo, para que haya más escuelas, hospitales, carreteras, infraestructura y seguridad en el país.

También económica, porque el empresario que entiende que si su negocio está bien administrado genera utilidades y CRECE, contribuye a que el gobierno de su país pueda seguir impulsando el sueño de un mejor planeta, inclusive apegado a los objetivos de desarrollo sustentable, los cuales están formulados para erradicar la pobreza, promover la prosperidad y el bienestar para todos; para proteger el medio ambiente y hacer frente al cambio climático a nivel mundial.

Y por último, no por ello menos importante, el personal, porque el empresario que entiende que si su negocio está bien administrado genera utilidades y CRECE, le da su sentido a su existencia, enaltece su paso por este planeta, logra tener más momentos felices en su vida, en resumen, lo dignifica como un ser humano.

En este libro hablaremos entonces de muchos temas, pero lo haremos iniciando desde lo micro hasta lo macro, es decir, en una forma expansionista, considerando de primera mano a la persona; después al empresario y su gran responsabilidad; a su empresa y la forma en que puede CRECER; hasta analizar el impacto en sus colaboradores, en la sociedad y en el desarrollo de su país, que al final se traduce en el gran impacto que tiene con el planeta.

Al avanzar la lectura de este libro, podrás ir cambiando tu forma de pensar, integrando nuevos conceptos en tu mente que, quizás, desconocías y que ahora conocerás.

Para un mayor aprovechamiento de la lectura y darle una mejor dirección a tu vida y a tu empresa, prepara tu teléfono móvil ya que algunos temas los estaremos complementando con videos que podrás ir disfrutando al escanear los códigos QR que irás encontrando. Con esto, espero que tengas una mayor conexión con el tema y una mejor asimilación de lo que estoy proponiendo.

Video 1, también lo puede encontrar en la siguiente liga de YouTube
https://youtu.be/DoTQ5sGIhYQ

Crecer, convierte tu existencia en trascendencia. Sé una mejor versión de ti mismo cada día y lograrás descubrir la abundancia y el privilegio de vivir; de esta manera, podrás compartir y ayudar a los demás.

Storytime

Recuerdo mi primer día, estaba parado frente a un parque en espera de que llegaran más jóvenes a los que le habían dado cita a la misma hora que a mí en el mismo lugar. Por fin, después de diez minutos, vi llegar a un par de dirigentes en shorts y luciendo de manera correcta su uniforme. Era mi primer día en los *scouts*.

Fue así como me integré al grupo *scout*, sin uniforme, con unos shorts de mezclilla cortados y con una playera blanca, tratando de entender por qué había llegado ahí. La verdad es que mis compañeros empezaron a integrarme, a involucrarme y a explicarme los juegos que estaba poniendo el jefe de la tropa y yo trataba de entender; desde un principio me sentí muy aceptado.

Desde ese entonces y hasta la fecha, siempre he tenido en mi corazón el haber sido *scout* y eso me ha hecho sentir una persona común y corriente que está tratando de entender su propia vida y su transformación, además de sentir la emoción de ir cambiando de objetivos y alcances en mi vida, ya que hay una gran diferencia en lo que quería en la infancia con respecto a lo que en la actualidad me motiva.

Pero me siento muy feliz, porque soy de los privilegiados que ha tenido una infancia completa, de risas, sueños, juegos y cientos de amigos.

Estoy seguro de que esta primera parte de mi vida en los *scouts* marcó para siempre mi vida, sobre todo para tener un punto de partida de lo que para mí es la felicidad. Fue ahí, en los *scouts*, donde creo haber iniciado mi aprendizaje sobre el tema del liderazgo.

Desde la infancia, me gustó el reto de ser líder y enfrentarme a la gran responsabilidad de tomar de decisiones que, a veces, sin medir las consecuencias, se toman desde la emoción y no desde la razón, pero así nos pasa en nuestro proceso de crecimiento normal.

Fui miembro de ese maravilloso grupo *scout* en donde, sin dudas, me formé para ser competitivo, comenzando por armar mi propia patrulla (grupo o equipo) con mis mejores amigos para, después, darle una mística especial a todo lo que hacíamos. Nuestra patrulla se llamaba Koalas y yo era el Papá Koala. La verdad es que era muy divertida y profunda toda la mística de las fogatas, las lunadas y ciertas actividades misteriosas que inventábamos para hacer de un momento algo inolvidable y que todos recordaran para siempre; era un aterrizaje hacia la reflexión permanente.

De ahí pasé a ser dirigente de las niñas pequeñas y esa etapa de mi vida fue muy satisfactoria ya que, siendo hombre, tuve miles de aprendizajes por tratar de entender cómo ellas piensan y actúan. Muchas veces me di cuenta de que son capaces de descubrir su lado fuerte, de liderazgo y empuje, que lo hacen desde el corazón y eso las hace invencibles.

Unos años más tarde, tomé la posición de jefe de tropa y creo que fue uno de los momentos más importantes en mi vida, porque a pesar de tener poca experiencia como líder soñaba en formar a esos jóvenes que se reían y creían tanto en mí, en mi visión, en lo que decía y en lo que hacía. Ser un líder de jóvenes es una gran responsabilidad, por eso siempre he sentido un gran respeto por los maestros, aquellos que con sus palabras logran cambiar la vida de los jóvenes, en una etapa tan importante en la vida donde pueden crear verdaderos hombres de bien o destrozarles su futuro.

Por último, llegué a ser jefe de grupo. Tuve la responsabilidad de más de setenta personas, pero hasta ese momento entendí por qué existen las estructuras en las organizaciones: por el tramo de control, ya que nadie en el mundo puede tener una visión completa de todos los seres humanos con los que colabora, ya sea en una empresa o en un grupo. De igual manera, comprendí que ser jefe no significa saber, entender o tener dominio de todo. De ahí la gran importancia de tener una estructura en tu propio equipo que te ayudé a ver lo que tú, como líder, no puedes ver. Estoy seguro de que el ser *scout* me dio la visión de ser diferente y ser un líder para toda mi vida.

En la infancia lo más importante, desde mi punto de vista, es dejar que nuestros hijos jueguen, sueñen y sean muy felices, pero también es el mejor momento para fortalecer su confianza para valerse por sí mismos, ser competitivos y aprender a tolerar la frustración cuando se pierde. Esto aplica, también, cuando tienes una empresa, la cual, de alguna forma, debe volverse un gran juego que te haga feliz.

Algo que debo valorar de esta etapa de mi vida es el haber entendido que siempre hay alguien a quien puedes ayudar. Ayudar a otro humano debería de ser parte esencial de nuestra existencia y eso me trae a la mente la promesa *scout* que, en algún momento de mi vida, hice y que considero que sigo cumpliendo o, al menos, lucho por seguir haciéndolo. Decía algo así:

«Yo prometo, por mi honor, hacer cuanto de mí dependa para cumplir mis deberes para con Dios y la patria, ayudar al prójimo en toda circunstancia y cumplir fielmente la ley *scout*».

Esta promesa sigue vigente en mi alma y en mi corazón, y como decimos los buenos *scouts*: ¡*scout* un día, *scout* por siempre!

Otro de los aprendizajes más grandes que tuve en los *scouts* fue el ser creativo, siempre buscaba hacer las cosas diferentes. Por ejemplo, en los concursos de *cabot* (concursos de cocina en el campo), la presentación de los platillos que hacíamos siempre tenía que ser creativa, lo cual lograba sorprender a los jueces y, a veces, aunque el sabor no era muy bueno o el mejor, solíamos estar siempre entre los mejores lugares tan solo por la forma en que le dábamos una presentación especial, con una mística llena de humo y de ceremonias llenas de palabras inventadas por mí. Era muy divertido.

Ser creativo es atreverte a hacer las cosas de forma diferente a todos, es salirte de lo tradicional para buscar ser único e irrepetible. Esa puede ser una gran ventaja competitiva para los negocios.

Uno de los elementos que distinguen a las patrullas o grupos que se forman en los *scouts* es el grito de guerra. Todas, inclusive los grupos, tienen ese grito famoso que cualquiera puede escuchar si se acerca a las actividades que tienen los *scouts* en algunos parques de la ciudad. En el caso de mi patrulla, inventé «literalmente» un lenguaje que solo los miembros de mi patrulla conocían de su significado. El grito decía algo así: «¡Koaaaalaas, wonin tumarú». Ese lenguaje, se mantuvo en secreto por mucho tiempo y, hasta la fecha, solo algunos guías de la patrulla, que tal vez ya ni siquiera existe, sabían su significado. Eso era para mí creatividad y diversión pura.

Esa forma en que los grupos *scout* se agrupan, me inspiró para alinear mi análisis, creando grupos de personas con similares actividades para generar ingresos ya que, de esta forma, podré tener un mejor punto de partida para considerar en mi libro todas las tareas y todos los personajes que las ejecutan y, con ello, tener una base para el desarrollo de la metodología en cada uno de esos grupos. Eso es lo que ustedes encontrarán en adelante, una posición y el desarrollo de todo el proceso para que se entienda mucho mejor el uso de esta propuesta.

Primer capítulo

La actividad humana, una clasificación previa para entender mejor tu posición y poder ayudarte a CRECER

¿Cómo generas tus ingresos?

Para tratar de ayudarte a dar los siguientes pasos hacia tu crecimiento o el de tu negocio es muy importante entender y ubicar cómo generas tus ingresos, si eres o no un empresario y, si lo eres, de qué tipo. En esta parte trataré de hacer una clasificación de la forma en que generamos nuestros ingresos con el fin de poder establecer lo que podrían ser los siguientes pasos para cada uno de los grupos que vamos a definir.

Vamos a dividir la siguiente clasificación en dos contextos: los grupos 1, 2 y 3, que están definidos por mí, los cuales he incluido porque son aquellas actividades no reconocidas de forma oficial pero que existen en la realidad. Luego, del grupo 4 en adelante, son grupos oficiales establecidos por el INEGI, los cuales son clasificados en función del origen y tamaño de la empresa, es decir, si la empresa es de manufactura y comercio se consideran cierto número de trabajadores, y si el origen de la empresa es de servicios, entonces son otra cantidad. Aquí desglosaremos un promedio que, sin dudas, se va a entender con claridad.

Los grupos que analizaremos y que nos servirán como base para el desarrollo del modelo CRECE son:

Primer grupo: el autoempleo unipersonal (informal y formal).

Segundo grupo: el autoempleo multipersonal (informal y formal).

Tercer grupo: empresarial.

Microempresas: son de todos los sectores y no deben pasar de más de diez empleados. El monto máximo de venta es de cuatro millones de pesos y el tope máximo es de cuatro coma seis.

Empresas pequeñas: en el sector de industria y servicios pueden tener desde once hasta cincuenta empleados y facturar desde cien millones de pesos con un tope máximo de noventa y cinco. En el caso de las empresas pequeñas del sector comercio el número máximo de empleados es hasta treinta, pueden facturar hasta cien millones de pesos y tienen un tope de noventa y tres.

Empresas medianas: el sector de comercio tiene entre treinta y uno hasta cien trabajadores, mientras que el de servicios de cincuenta y uno hasta cien trabajadores. En ambos casos, facturan entre cien y doscientos cincuenta millones de pesos anuales y tienen un tope máximo de doscientos treinta y cinco. En el sector de industria, el rango de trabajadores es desde cincuenta y uno hasta doscientos cincuenta, facturan entre cien y doscientos cincuenta millones y tienen un tope máximo de doscientos cincuenta.

Empresa grande: considerando un número de trabajadores mayores a doscientas cincuenta personas.

Cuarto grupo: empleados de una organización.

Quinto grupo: inversionistas.

¿Cómo llegamos a esta clasificación?

De manera general, agrupé a las diferentes figuras considerando que todos cabemos en alguno de esos grupos, que van desde las personas que tienen que generar sus ingresos pidiendo dinero en la calle y, también, de manera informal, hasta los inversionistas que están a la caza de las mejores condiciones financieras para apostar a ellas.

Yo pienso que al inicio de nuestras vidas se puede ir marcando nuestro futuro, aunque no siempre es así. Debemos de ser muy cautelosos al hacer propuestas, considerando que habrá algunos grupos que no pudieron avanzar en su visión, sobre todo por las condiciones de donde partieron. Considero que cuando somos niños, empezamos a entender el mundo y vamos formando nuestra visión de la vida y de lo que queremos para nuestro futuro, sobre todo, en función de nuestra propia experiencia.

En el intermedio, algunos grupos empiezan a autobloquearse pensando en que su origen ha definido su destino y muchas veces es así, pero sin meterme en un tema psicológico o social, porque no pretendo que este libro sea la solución para los problemas de todos los grupos definidos de forma previa. Es muy importante, tratar de ser empáticos y ponernos en el lugar de estas personas para entender que, a veces, sobre todo en esos grupos iniciales que son los más vulnerables, no es fácil ni siquiera tener la claridad mental para querer CRECER, porque su enfoque está en la generación de ingresos diarios y debemos considerar que si ellos no se activan o no se mueven para lograrlos nadie lo hará por ellos.

La realidad es que no todos nacemos con las mismas posibilidades y esta simple aseveración hace que muchas personas consideren para su futuro modelos de generación de ingresos a partir del autoempleo unipersonal informal, quizás porque sus padres así se los enseñaron, lo cual es muy válido, aunque no quiere decir que no haya forma de salir de esta situación, pero también existen los afortunados que logran formar empresas y dar empleo a muchas personas o tener el privilegio de prepararse y comenzar desde un punto más sólido a construir su futuro.

Iniciaremos clasificando la forma en que generamos nuestros ingresos, considerando que todos, de alguna forma, estamos integrados a alguno de estos grupos por lo que es muy probable que puedas ubicarte en alguno de ellos. Lo primero que vamos a hacer es identificarnos con el grupo al cual pertenecemos y, de esta manera, podremos establecer una nueva visión de crecimiento.

Organización en grupos clasificados por la forma en que generan sus ingresos

Grupo 1: El autoempleo unipersonal, informal y formal

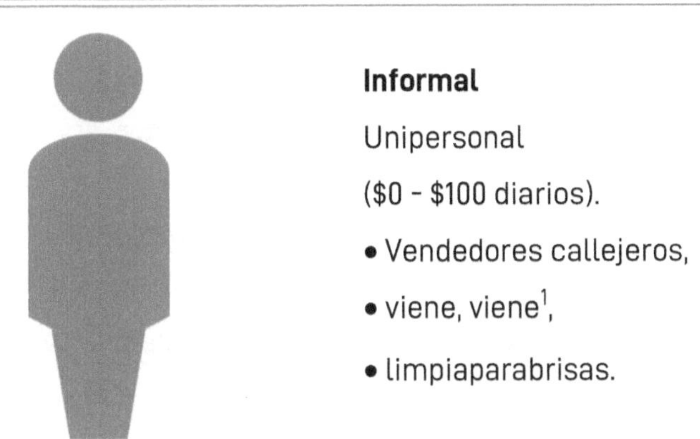

Informal

Unipersonal

($0 - $100 diarios).

• Vendedores callejeros,

• viene, viene[1],

• limpiaparabrisas.

Comencemos con el informal, el cual, sin duda, es una de las actividades más comunes en la mayoría de los países del mundo. En algunos casos, el nivel de este tipo de autoempleo corre grandes riesgos porque depende de uno y, además, los ingresos muchas veces no son tan adecuados para tener una mejor posición para crecer. Sin embargo, esta actividad existe y es una realidad. El autoempleo unipersonal informal cuenta con un modelo de microingresos y es muy desgastante, pero es muy importante clarificar que la mayoría de las veces no hay otra opción porque

---

1 Término coloquial, utilizado en México, para referirse a una persona que, de manera informal, se dedica a administrar lugares para estacionar los vehículos en la vía pública y cuidar de ellos, por lo que a cambio pide propina.

la gente no tiene acceso a una mejor posición, como consecuencia de que en su historia, quizás, no tuvo acceso a una mejor preparación y son ellos los humanos más desprotegidos o con mayor riesgo de no poder desarrollarse.

En este tipo de actividad podemos encontrar a los que cantan en la calle; los viene, viene; los vendedores de dulces; los que te limpian el parabrisas en la esquina; en fin, los que no fueron privilegiados con una mejor posición para prepararse y necesitan llevar ingresos a sus casas para comer, cuando logran tener un hogar.

Las personas con esta forma de autoempleo, casi siempre con baja o nula preparación, que no tuvieron acceso a una posición de partida adecuada ni el privilegio de ir a una escuela, saben que deben moverse y hacer lo que sea para generar ingresos para alimentarse y, si corresponde el caso, a su familia, además de buscar una mejor posición para seguir adelante. En este grupo, existe un subgrupo de personas que son los seres humanos más vulnerables porque no solo dependen de ellos mismos sino que, además, su edad no les permite tener la suficiente energía para pensar en cambiar algo en sus vidas, aunque ese cambio sea en beneficio de ellos mismos.

Ellos son nuestros adultos mayores, que cargan con la edad para moverse y tienen poca energía para obtener sus ingresos, lo cual los lleva a tener que buscar personas generosas que les regalen recursos para ir pasando la vida. Este grupo es el más complicado de ayudar pues, para ser honestos, son quienes tienen el escenario más complicado, pero estoy seguro de que mi propuesta podrá, al menos, abrir una posibilidad de mejorar su posición o reducir la necesidad de seguir haciendo lo que hacen. Veamos si podemos ayudarles.

Este grupo difícilmente logra el nivel de ingresos mínimos diarios, si consideramos un salario mínimo de $207.44 (28 de julio del 2023)[2], aunque algunos tal vez lo estén logrando.

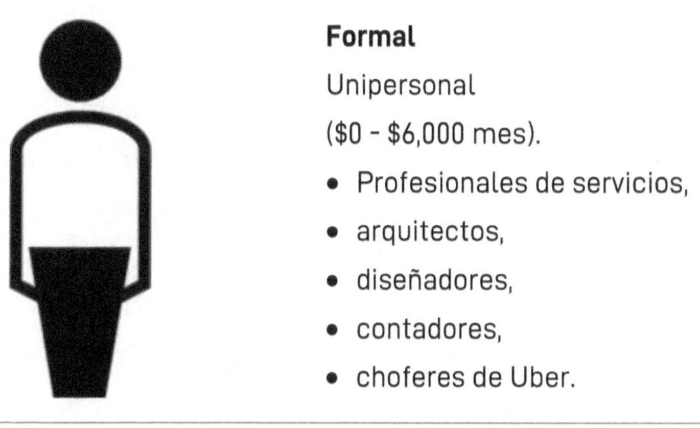

En el caso del autoempleo unipersonal formal, lo podemos diferenciar considerando la misma posición que en el anterior, pero con la gran diferencia de que este grupo lleva una contabilidad real y paga sus impuestos. Sin embargo, sigue estando conformado por un solo individuo, quien es su propietario, administra su propia actividad y se beneficia de las ganancias.

Este grupo, puede tener una mejor posición en la generación de ingresos, sin duda. Aquí tenemos a individuos que no pertenecen a ninguna empresa sino que ofrecen sus servicios o productos de manera independiente y, de esta manera, pueden

---

2   Gobierno de México, Secretaría del Trabajo y Previsión Social. Boletín número 001/2023
    https://www.gob.mx/stps/prensa/entran-en-vigor-salarios-minimos-2023-en-todo-el-pais?idiom=es

contar con varios clientes, permanentes o esporádicos. Este puede ser el caso de abogados, arquitectos, diseñadores gráficos, entre otros, por lo que, sin duda, están en una mejor posición para generar sus ingresos y para crecer, porque cuentan con una mejor estructura que el grupo anterior, es decir, pueden ir haciendo crecer su base de clientes y mantener a los que en este momento tienen.

En este caso, existen las condiciones para que las personas de este grupo estén integradas a la fuerza laboral formal y que paguen impuestos, dado que le pueden dar servicios a empresas bien establecidas y ese es un requisito indispensable para poder vender sus servicios o productos.

Recordemos que este grupo tiene la posibilidad de contar con diferentes niveles de ingreso, dadas sus circunstancias o los privilegios con los que cuenta; es decir, si estudió, se preparó y desarrolló su red de contactos de manera adecuada, además de que lo que ofrece es un servicio o producto que es valorado por sus clientes, hay una alta probabilidad de contar con un nivel de ingresos más sólido. Por otro lado, si no tuvo el privilegio de preparase, desarrollar una base de contactos adecuada y el servicio o producto que ofrece no tiene ninguna diferenciación, es decir, es un *commodity* o no es valorado por sus clientes, es muy probable que todos los días tenga que empezar de nuevo a buscar clientes y eso hace que la generación de ingresos no sea la más sólida posible.

Quiero hacer énfasis en que, tanto este grupo como el primero, son individuos que están solos contra el mundo y todos los días deben construir su historia si quieren seguir adelante. No hay tregua, no hay descanso, no hay, quizás, un espacio para la reflexión, para atender el llamado a la autorreflexión e inclusive, tal vez, ni siquiera podrán tener acceso a explorar la posibilidad de CRECER. Sin embargo, para mí es muy importante, al menos, aumentar la posibilidad para que estos grupos puedan tener una visibilidad de que si ellos se lo proponen es posible. Insisto, no soy de los que vende humo, entiendo muy bien que en estos dos grupos el hecho de que no puedan descansar, frenar y reflexionar, los pone en una situación que para muchos es impensable: si tengo que llevar recursos para comer el día de hoy, ¿cómo pretender darme el lujo de leer este libro para visualizar si puedo o no cambiar mi vida?

Estos dos grupos tienen la peculiaridad de que no hay alguien a su lado que los pueda impulsar. Cuando las cosas no van bien no cuentan con un apoyo, están solos en sus vidas y me refiero a que viven de forma permanente en la soledad, no porque no tengan una pareja sino porque dependen de ellos mismos para generar ingresos y, muchas veces, eso los lleva a tener un estrés muy alto e incomprensible para muchos.

El escenario que yo considero es el más complicado, en términos de generación de ingresos, está en los adultos mayores, los discapacitados y la gente que no tuvo acceso a una mejor preparación, que no saben nada y que pertenecen al grupo 1 del autoempleo unipersonal informal. Sin embargo, trataré de encontrar caminos alternos para poder ofrecer, al menos, un espacio mental para que logren salir de la posición en donde se encuentran ahora. Este grupo es posible pueda generar al menos un salario mínimo de $207.44 pesos diarios (28 de julio de 2023)[3].

---

3   Gobierno de México, Secretaría del Trabajo y Previsión Social. Boletín número 001/2023
     https://www.gob.mx/stps/prensa/entran-en-vigor-salarios-minimos-2023-en-todo-el-pais?idiom=es

Grupo 2: Autoempleo multipersonal, informal y formal

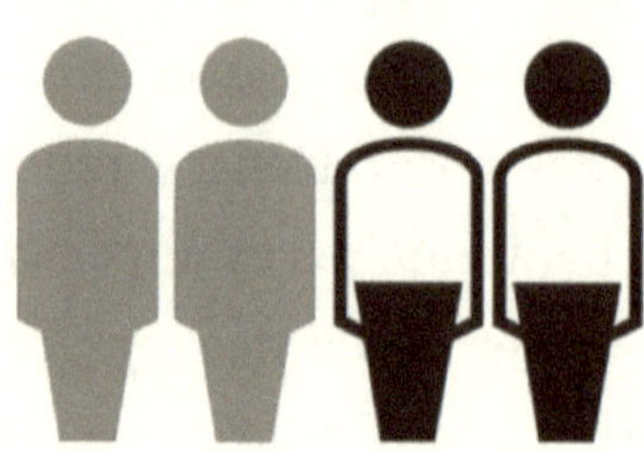

Informal

Multipersonal

($10,000 - $30,000 mes).

- Puestos de comida,

- puestos ambulantes,

- productores de algún bien o servicio informal.

Comencemos otra vez con la informalidad. En este grupo podemos encontrar a un sinnúmero de personas que, a pesar de tener a un líder o a una persona que impulsa la generación de ingresos con base en una actividad, se agrupan y, al menos, desde mi punto de vista, tienen acceso a un apoyo moral que los motiva a seguir adelante. Este grupo está conformado por varios individuos que se mantienen unidos, a veces por el hecho de ser familiares, para generar sus ingresos. Y me refiero a que tienen una mejor posición psicológica porque no son individuos que dependen de ellos mismos sino que, en grupo, pueden tener una mejor posición de apoyo.

En este grupo podemos encontrar a cientos de personas agrupadas vendiendo, sobre todo, comida en las calles en puestos ambulantes, en tianguis, en espacios estructurados solo para los fines de semana, pero siempre acompañados, nunca están solos porque, si fuera el caso, pertenecerían al grupo 1 de individuos en la informalidad que dependen de ellos.

En este grupo dependen de varios, aunque siempre haya un líder o la persona coordinadora de la actividad.

De seguro hay otras actividades para este grupo, sin embargo, lo que los diferencia de los primeros dos grupos es que son varias personas o, al menos, dos contra los individuos que buscan sus ingresos por ellos mismos. Por eso menciono que este grupo podrá tener una mejor posición para poder CRECER, pero también va a depender de que quieran explorar un cambio en sus vidas, aunque eso los pueda poner en una posición de riesgo, es decir, que puedan fracasar en grupo y eso, quizás, sea el mayor cuestionamiento para poder dar un paso adelante.

Hagamos una pequeña recapitulación. Hemos revisado, hasta ahora, la forma en que tres diferentes grupos generan sus ingresos. El primer grupo de personas que trabaja de manera individual y que dependen de ellos mismos para poder ingresar recursos para ellos y sus familias, que lo hacen a través de actividades informales y no pagan impuestos. El segundo grupo, que también trabajan de manera individual y dependen de ellos mismos para generar sus ingresos, lo hacen a través de actividades formales y sí pagan impuestos. Y el tercer grupo que estamos analizando, que es aquel en donde desarrollan una actividad para generar sus ingresos, lo hacen de manera colectiva o en grupo, es decir, no trabajan solos, trabajan en equipo, al menos hay dos personas y sí, dependen de ellos mismos, pueden apoyarse entre sí para seguir adelante. De forma tradicional, lo hacen a través de actividades informales y, por obvias razones, no pagan impuestos de manera formal aunque, en algunos casos, pagan permisos o cuotas pero estas no se consideran para el ingreso al servicio de administración tributaria de un país.

En México, existe el régimen simplificado de confianza, el cual es una simplificación administrativa para que el pago del impuesto sobre la renta (ISR) se realice de forma sencilla, rápida y eficaz. El objetivo de este nuevo esquema es la reducción de las tasas de este impuesto para que las personas que tengan menores ingresos paguen menos.

Está orientada a contribuyentes (personas físicas) que perciben ingresos anuales menores a tres coma cinco millones de pesos facturados, conforme a su actividad económica. Hago este comentario porque, quizás, para el grupo 3 sea una posibilidad para consolidar su crecimiento, es decir, pasar de una actividad informal a formalizar su actividad, ya que muchas veces eso es lo que no nos permite pensar en seguir creciendo y desarrollando una mejor posición.

Este grupo es muy probable que pueda generar, al menos, un salario mínimo de $207.44 pesos diarios (28 de julio del 2023)[4]. Sin embargo, recordemos que trabajan en grupo y debería alcanzar para todo el colectivo.

Formal

La única diferencia entre la formalidad y la informalidad, es que hay grupos similares en términos de su propósito de comercialización de productos y servicios, pero el grupo informal no paga impuestos y el grupo formal, si lo hace.

---

4   Gobierno de México, Secretaría del Trabajo y Previsión Social. Boletín número 001/2023
https://www.gob.mx/stps/prensa/entran-en-vigor-salarios-minimos-2023-en-todo-el-pais?idiom=es

Grupo 3: Empresarial

Microempresa

Multipersonal

($100,000 - $350,000 mes)

- Tiendas de abarrotes,
- misceláneas,
- tortillerías,
- molinos de nixtamal,
- papelerías,
- salones de belleza,
- panaderías,
- talleres mecánicos,
- farmacias,
- carnicerías,
- florerías,
- carpinterías,
- restaurantes,
- gimnasios,
- pollerías,
- ferreterías,
- verdulerías,
- cremerías,
- pastelerías,
- torterías.

En este grupo podemos encontrar a muchas empresas gracias a las cuales se sigue desarrollando un país. Recordemos que, al menos en México, se considera una microempresa a aquella que está involucrada en todos los sectores, no tiene más de diez empleados y su monto máximo de venta es de cuatro millones de pesos y un tope máximo de cuatro coma seis millones. Las microempresas son un motor de crecimiento económico y de empleo fundamental para el país ya que, de acuerdo con los resultados del último censo económico del INEGI y del portal IDSE, se encargan de realizar diversos trámites en línea ante el Instituto Mexicano de Seguro Social:

- De cada cien empresas mexicanas, noventa y seis son microempresas;
- contribuyen con el 40,6 % del empleo;
- aportan el 15 % del PIB.

En este tipo de negocios, hay una gran oportunidad de crecimiento. Sin embargo, se convierten en negocios familiares que buscan mantener un balance sano entre una venta y una utilidad. Por ello, muchas veces el líder o la persona que se considera el dueño, mientras siga generando ingresos y estos sean suficientes para el nivel de gastos de la persona y de sus trabajadores, con eso se conforma. Para poder considerarse una microempresa es necesario tener un nivel de ventas de entre doce a quince mil pesos diarios, es decir, trescientos cincuenta mil pesos al mes, por lo que en estos casos es muy importante tener un balance en caso de que el local que se rente para esta actividad se encuentre entre un 3 % a un 5 % de las ventas, para que pueda haber un margen adecuado para la operación y la utilidad final.

Hablaremos más delante de estos temas. Ahora es muy importante clarificar que entre menos ventas se tenga, menor debe ser el monto de la renta; de otra manera, se diluye la utilidad en la operación.

De la misma forma, hay muchos negocios que comienzan con una fórmula y son exitosos, pero pudiendo CRECER. Dado el éxito de los mismos, no lo hacen porque el modelo organizacional incluye el autoempleo en donde el líder o dueño también trabaja y, por ende, es muy difícil poder crecer.

Hay esquemas tan sólidos que se pueden volver franquicias, pero la falta de información al respecto y a veces de institucionalización o estructura, no se logran establecer como tales. Todos conocemos alguna taquería o alguna pastelería y nos preguntamos: ¿por qué no ponen más tiendas o negocios, inclusive con el mismo nombre? Pero todo es debido, desde mi punto de vista, a la falta de información o de estructura, ya que es necesario tener manuales, proveedores, métodos y modelos financieros, y todo esto se tiene en la mente de quien opera.

En este tipo de negocios, la lógica indica que el líder de cada una de ellas debería estar pensando todos los días en cómo hacer crecer su negocio. Tal vez, no medirse respecto a su participación en el mercado porque este tipo de mercados y empresas se diluyen con muchos jugadores, pero ahí es donde radica, también, la posibilidad de seguir creciendo.

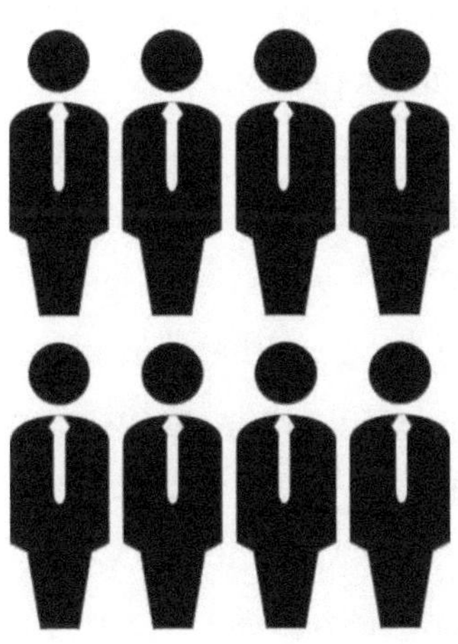

Empresas pequeñas

Multipersonal

(100,000,000 al año)

- Cadenas de tiendas,
- *retail*,
- pequeños fabricantes,
- empresas de servicios,
- comercializadoras.

En el sector de industria y servicios, pueden tener desde once hasta cincuenta empleados y facturar hasta cien millones de pesos con un tope máximo de noventa y cinco. En el caso de las empresas pequeñas del sector comercio, el número máximo de empleados es hasta de treinta, pueden facturar hasta cien millones de pesos y tienen un tope de noventa y tres.

No cabe dudas, lo sorprendente que debe ser saberse «pequeña empresa» al facturar cien millones de pesos al año, pero así es. Me parece que el reto para este tipo de empresas es la consolidación de la estructura organizacional para poder tener una base tan sólida, que le permita encontrar nuevos mercados, desarrollar nuevos productos o incrementar la venta con los clientes con que en este momento se relaciona.

Para facturar esos cien millones al año, sin duda, son empresas que cuentan al menos con un sistema bien estructurado para obtener utilidades y reinvertir. Sin embargo, muchas veces, el peor error que cometen los dueños o líderes de este tipo de empresas es no querer reinvertir y esperar a que el negocio siga dando. De ahí la historia de la vaca que el campesino cuida y obtiene leche para venderla, lo cual le da ingresos adecuados para vivir.

Uno de tantos días, se le olvida darle de comer a la vaca y, al siguiente día, la leche se seguía produciendo por lo que se le hizo fácil y redujo la alimentación de la vaca y aun así siguió obteniendo leche de la misma, hasta que llegó un día en que la vaca, sin que el propio campesino se diera cuenta, bajó veinticinco kilos y la leche empezó a no tener la misma calidad, pero al menos continuó obteniendo la misma y la seguía vendiendo.

Otro de esos días, su principal cliente le regresó la leche porque no era leche de calidad y aunque el campesino regresó a alimentar otra vez a la vaca, esto ya no pudo continuar dando la leche con la calidad esperada pues el daño era irreversible y terminó por morir.

La moraleja es que si piensas que un negocio camina solo sin tener reinversión, muy pronto tu vaca morirá y lo peor es que tal vez nunca te das cuenta hasta que deje de darte leche.

Una empresa de este nivel tendría que estar apuntalando su lógica de crecimiento en ganar participación de mercado, es decir, a pesar de tener ese nivel de facturación, el líder de este tipo de organizaciones ya podría estar midiendo su empresa, en términos de cuánto de lo que se puede vender, es decir, versus su propio potencial, se está vendiendo. Esto puede ser uno de los mejores indicadores para ir midiendo si en verdad está haciendo CRECER su empresa o solo está vendiendo más.

Empresas medianas

El sector de comercio tiene entre treinta y uno hasta cien trabajadores, mientras que el de servicios desde cincuenta y uno hasta cien trabajadores. En ambos casos, facturan entre cien y doscientos cincuenta millones de pesos anuales y tienen un tope máximo de doscientos treinta y cinco.

En el sector de industria, el rango de trabajadores es desde cincuenta y uno hasta doscientos cincuenta, facturan entre cien y doscientos cincuenta millones y tienen un tope máximo de doscientos cincuenta. En este nivel, encontramos también a muchas empresas que se encuentran en diferentes niveles de crecimiento, en términos de su ciclo de vida, cuando se actualizan y mantienen sus productos y servicios de manera correcta en el mercado, que pueden seguir en la lucha de crecimiento. Una empresa en este nivel, sin dudas, ya debe estar midiendo su crecimiento, considerando el potencial de cada uno de los territorios en donde vende sus productos o sus servicios y la forma en que está acaparando el mismo, es decir, su participación de mercado.

Uno de los errores más comunes en este tipo de empresas es considerar su crecimiento basado en su histórico, es decir, si el año pasado vendió doscientos cincuenta millones, para este año crecer un porcentaje definido por la alta dirección podría ser correcto y toda la planeación de este tipo de empresas se haría con esta expectativa. Sin embargo, es muy importante y relevante considerar que una forma de ver el crecimiento es obtener más respecto a un período y la otra es lo que se podría llegar a crecer, es decir, el verdadero potencial del mercado.

Cuando cuentas con un sistema funcionando y tu empresa está sólida es porque cuenta con todas las áreas de soporte para mantener un adecuado nivel de ventas y tus utilidades son óptimas para los accionistas, por lo que parecería que todo está correcto. No obstante, el líder de este tipo de organizaciones siempre debería estar retado a maximizar la utilidad y consolidar ese modelo de ingresos, a partir de su participación de mercado.

Entre más participación de mercado tenga, más fácil será administrar y maximizar la riqueza, es decir, pensar en ser el único jugador de su ramo debe ser el objetivo, por lo que la diferenciación y la valorización de sus productos y servicios siempre deben estar por arriba de la competencia. De esta manera, estar en un 90 % o 100 % de participación —lo cual suena una locura o una utopía— debería de ser el objetivo.

Empresas grandes

Superan los doscientos cincuenta trabajadores y tienen un volumen de ventas por sobre los mil millones de pesos. Cualquiera pensaría que una organización de este tamaño no necesita a nadie que le recomiende nada porque, además, estoy seguro de que cuentan con equipos directivos muy capaces y por eso son lo que son.

Sin embargo, me estoy permitiendo incluirlos ya que el método CRECE —estoy seguro— puede ayudarles a la construcción y seguimiento de un plan para lograr ese crecimiento antes mencionado. Todo este tipo de empresas cuenta con planes claros y, muchas veces, agresivos.

La única pregunta que se podría establecer es si de verdad las empresas han llegado hasta donde están y ya no hay posibilidad de CRECER más. Estoy seguro de que la respuesta es, en general, que entre mayor sea la participación de tus productos y servicios en el mercado, mayor será la complejidad para ganarte lo que falta. Por lo que parecería que, quizás, los crecimientos se establecen en torno al crecimiento del mercado.

Es muy probable que ya la empresa no esté creciendo sino, más bien, se está manteniendo. Este es un efecto muy normal en este tipo de empresa y la realidad es que no pretendo decir que mi verdad es la correcta, como lo he establecido desde un principio, pero sí es una invitación a cuestionar el modelo de crecimiento en función del potencial del mercado y no de la historia de sus ventas.

¿Se pueden imaginar dar un consejo o proponer alguna idea a empresas de gran nivel? Parece una verdadera locura. Sin embargo, en este libro podrán encontrar una serie de elementos que tal vez se podrían explorar en la definición de la planeación estratégica de este tipo de empresas, a pesar de que las mismas deben de estar integradas de consejeros hábiles y estratégicos que les deben de ayudar a estructurar sus planes de manera agresiva y con resultados impresionantes.

Grupo 4: Empleados de una organización

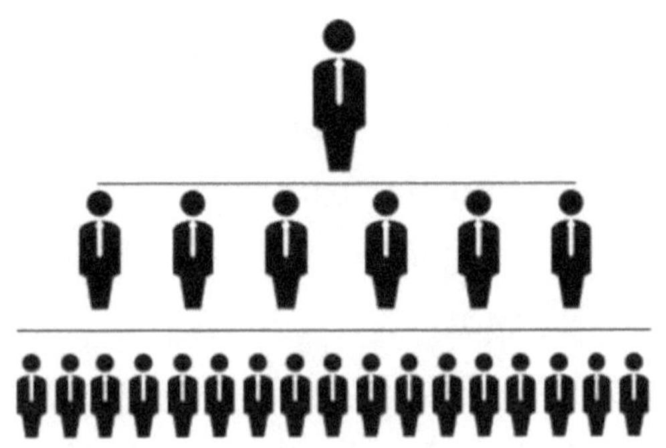

Hay otras personas que logran ir construyendo su patrimonio a partir de lo que ven alrededor y lo que les tocó vivir desde infantes, en su medio ambiente. Muchos estudian durante un largo tiempo y se preparan lo más posible, en diferentes niveles, para salir a trabajar para una empresa que, de forma mensual, podrá darle la seguridad que busca, lo cual, sin dudas, también es muy válido.

En este grupo, encontramos a gente muy talentosa y capaz que llega a ocupar niveles extraordinarios en las organizaciones de la vida empresarial.

La necesidad de tener una actividad digna para generar nuestros ingresos nos hace, muchas veces, aceptar el trabajar para una empresa en donde tienes que alinear tus propios desafíos, en función de lo que los líderes de la organización definan. Es muy probable que mucha gente cuestione las decisiones de la alta dirección, porque quizás no entiende el porqué de las mismas, dada la falta de información con que cuenta. Sin embargo, si quieres pertenecer a esa organización debes alinearte y dar lo mejor de ti.

Aun siendo un empleado es muy importante que te hagas planteamientos que te hagan CRECER, ya que te darás cuenta si esa organización te lo va a permitir. Lo que no puede ser aceptable es que no tengas, al menos, un mapa mental de hasta dónde quieres llegar y el tiempo que te has propuesto para ello. Ser un empleado, te permite construir un CRECIMIENTO en la organización, basado en tu diferencial, en tu energía para convencer, en tu creatividad para generar valor a la misma y en tu atrevimiento de buscar los espacios necesarios para que te conozcan y sepan de lo que eres capaz.

Siento que ser un empleado te da la fortaleza de abrir espacios para pensar, te puede ayudar a ser el verdadero trampolín para seguir avanzando en lo que haces o, de forma definitiva, cambiar si no estás logrando avanzar en tus sueños. Pero ¿cómo saber si estás creciendo en una empresa?, ¿será por ir escalando de un nivel a otro?, ¿será por tener una oficina más grande?, ¿por tener un equipo a tu cargo?

Algunas de estas señales podrían hacerte sentir que estás creciendo, pero muchas veces este tipo de movimientos se da por necesidades de la organización y no tanto por tu desempeño, lo cual puede ser un espejismo en tu propio crecimiento. Para poder asegurarte de que estás creciendo, podrías tener a tu alcance una forma de saber si estás generando valor a tu empresa y, mejor aún, si ese valor lo estás dando a conocer por ser diferente.

Si te entregas y generas valor en crecimiento de ventas o disminuyendo gastos, o si estás logrando un mejoramiento en los procesos internos que aceleran la productividad de la empresa o en participación en equipos para impulsar el cambio en la organización, entonces estás generando valor y, sin duda, puedes estar seguro que ese crecimiento es debido a ti y no solo a la necesidad de cubrir una posición por parte de la empresa.

Grupo 5: inversionista

Inversionistas

Tal vez, desde el punto de vista individual, este podría ser el estado ideal de muchos de nosotros. Pensar que puedes vivir tu vida de manera intensa, haciendo lo que te fascina: viajando, construyendo, ayudando y creando riqueza humana y económica —a la vez—, sin poner en riesgo tu patrimonio, suena ideal.

No pretendo construir un camino de libertad financiera total en este libro, ni tampoco quiero poner este nivel como al que todos deberíamos de aspirar. Pero no quiero dejar pasar la oportunidad de probar el mismo método CRECE para este tipo de humanos que han llegado a un nivel tal que pueden vivir de la utilidad de sus inversiones y que su propio dinero sea el que trabaje y, más aún, cuando tienes los suficientes recursos para poder experimentar en muchas formas y no poner en riesgo tu patrimonio.

Antes de continuar, quiero pedirte que te ubiques en alguno de los grupos antes descritos, ya que de eso dependerá el siguiente paso. En adelante, podrás enfocar tu atención en el desarrollo del modelo CRECE, de manera específica en ese grupo para ir construyendo el tuyo, aunque tendrás la libertad de poder conocer también otros modelos de crecimiento en función del grupo definido. En adelante, desglosaré los conceptos del modelo CRECE, buscando estructurar una o varias opciones adecuadas para cada uno de los ya definidos.

Segundo capítulo
El modelo CRECE, su nacimiento

El modelo CRECE

Más adelante les contaré una parte de mi vida en la que fui empresario y en la que tuve que tomar una de las decisiones más importantes para mi existencia, después de haber presenciado por televisión la desaparición de mi empresa, en menos de doce horas, por culpa de un incendio provocado por una empresa química vecina. Este evento marcó mi vida para siempre, siendo uno de los momentos que recordaré con mucha nostalgia ya que había solo dos caminos: sentarme a llorar o regresar, con la cola entre las patas, otra vez a una organización como empleado, después de haber jurado que jamás regresaría a darle mi tiempo a una empresa que no fuera mía.

Sin embargo, la vida es tan hermosa y sorprendente que me ayudó a descubrir que tal vez mi misión era colaborar para una gran firma a fin de lograr un mayor alcance con mis ideas y decisiones. Fue entonces cuando regresé a la iniciativa privada y, de manera humilde, acepté ser un asesor de negocios en una gran organización en donde logré CRECER muy rápido, sobre todo porque mi pasado estaba lleno de una experiencia empresarial.

Estuve en diferentes posiciones, hasta llegar a ser responsable de la región más grande del país, con más de novecientas tiendas y atender a más de sesenta empresarios, con los que me comprometí a ayudarles para hacer CRECER sus negocios. Es así como inicié a diseñar este modelo que al compartirlo con mi equipo les hizo tanto sentido, que me ayudaron a confirmarlo, cuestionarlo y dejar un modelo estable basado en cinco etapas que más adelante explicaré.

CRECE es un acrónimo, el cual usaremos con dos propósitos. El primero, es que la propia palabra nos ayude a recordar el propósito de abrir tu mente a esa nueva posibilidad y, el segundo, que su composición, letra por letra, nos lleve por el proceso, paso a paso, de lograr que esa posibilidad se vuelva una realidad.

Pasar del punto A al punto B puede significar para muchos uno de los desafíos más grandes de su vida, por lo que el proceso debe ser muy bien analizado para que el resultado pueda ser sobresaliente.

La palabra CRECE la usaremos considerando que cada letra debe ayudarnos en el proceso para avanzar. Sin embargo, la primera C de la palabra, desde mi punto de vista, es la más compleja por el reto que implica.

Antes de iniciar nuestro proceso para el desarrollo de un plan claro y conciso que nos lleve a CRECER, es de suma importancia que se considere la necesidad de un cambio, que se ponga en la mente esa posibilidad y que, de alguna forma, se busque una mejor situación en ese cambio.

Significado del acrónimo CRECE

Crea una visión y cree en ti (largo plazo, a cinco años).
Reto para ir en la dirección correcta a la velocidad necesaria (tendencia; mediano plazo-un año/doce meses; siguiente año).

Enfoca tus esfuerzos en los puntos rojos (corto plazo/todos los días).

Check up, ¿estamos preparados para dar el primer paso?

Encuentra la felicidad en el camino.

La primera **C** de **C**RECE

Video 2, también lo puede encontrar en la siguiente liga de YouTube

https://youtu.be/v5ZLyWRdypk

Crea una visión y cree en ti (largo plazo, cinco o diez años). En este momento, vivimos en un entorno VUCA en el mundo, las organizaciones se caracterizan por la volatilidad, la incertidumbre, la complejidad y la ambigüedad por lo que, en este libro, consideraremos como largo plazo cinco años de planeación.

¿Crear una visión? Sí, es el reto más complicado para muchas personas. ¿Por qué? Porque a muchos —me incluyo— no nos gusta declarar un objetivo a lograr por miedo a no alcanzarlo, y muchas veces, porque eso nos hace ver mal cuando lo hemos compartido con otras personas.

Pensar lo que uno desea para su futuro, escribirlo y darlo a conocer es, tal vez, el desafío más grande que todos debemos de afrontar si queremos avanzar y CRECER. Para ello debemos hacernos muchas preguntas y tomarnos el tiempo para reflexionar con claridad acerca de las respuestas.

En este proceso debes involucrar tus sueños, tu imaginación sobre tu futuro, el de tu familia, el de tu patrimonio y el de tu felicidad. Para poder establecer un proceso bien hecho, te recomiendo que te aísles, que vayas a algún parque o a algún lugar en donde puedas estar contigo mismo, solo, porque es así como puedes pensar, meditar, reflexionar y escribir todos tus pensamientos en una libreta que debe acompañarte. Tárdate lo que sea necesario; si debes hacerlo varias veces, hazlo; haz un esfuerzo por determinar con claridad ese sueño de futuro que te gustaría lograr, tomate tu tiempo. Algunas preguntas que puedes hacerte como guía en este proceso para declarar y crear una visión, son las siguientes:

1. ¿Qué es lo que te hace mover? ¿Qué consideras es lo más importante en tu vida? Necesitas declarar de manera formal, en tu mente y en tu corazón, por qué insistes en seguir avanzando y eso te ayudará a tener clara la priorización de tu vida. ¿Qué es aquello que disfrutas al máximo hacer? ¿Qué te hace feliz? ¿Qué te vuelve loco? Piensa en el pasado, en aquello que disfrutabas hacer en la infancia; plantea el sueño que quieres lograr entonces.

2. En esta época, donde tenemos una pantalla frente a nosotros durante gran parte del día y vivimos distraídos con imágenes que nos hacen cambiar de opinión, que nos hacen aspirar a tener, ser algo o alguien que tal vez no tiene que ver con quienes somos, te deberás preguntar si eso que te mueve, eso que es lo más importante en tu vida es de verdad tuyo o tal vez sea una imagen que te ha hecho distraerte. Pregúntate, ¿lo que quiero

me pertenece?, ¿está relacionado conmigo?, ¿es una imagen aspiracional que hace que mis deseos cambien para copiar la vida de otra persona? Recuerda que debe ser tu sueño y es algo muy personal. Cuestiona si el sueño que declaraste es de verdad tuyo y no de otra persona.

3. Para poder ir declarando una visión a cinco o diez años necesitas verte ahí, necesitas sentir que ya lo has logrado, necesitas emocionarte de que ya está hecho. Esto no funciona como un deseo mágico o como una declaración que repites mil veces para que se cumpla; te servirá para poder sentir la emoción futura y que la misma te ayude a seguir dando los pasos adecuados para seguir adelante. Así que pregúntate, ¿qué emoción tendrás cuando hayas logrado el sueño que te estás planteando?

4. Haz una reflexión acerca de cuáles podrían ser aquellos fantasmas que te hacen frenar para declarar tu sueño, tu visión a cinco años. ¿Es el miedo a no lograrlo?, ¿es el miedo a quedar en ridículo contigo mismo o con quien lo compartes?, ¿es el miedo a no responsabilizarte de lograrlo?

5. Y por último, cree en ti. Pareciera un mero slogan, pero sin este pequeño y, a la vez, enorme ingrediente, no tiene sentido dar ningún paso hacia adelante. Creer en ti va más allá de tenerte confianza; es verte a ti mismo, hacer una autocrítica desde afuera y aprender a entenderte. Creer en ti puede ser la gran diferencia en el mundo. Por eso, esta es una primera y básica petición para que puedas seguir avanzando en la creación de un plan alcanzable, retador y, sobre todo, que te inspire.

A partir de este momento, trataré de dar la pauta para tu caso y dado que todos tenemos una forma diferente de generar nuestros ingresos buscaré, entonces, ponerme en los zapatos de los individuos que pertenecen a cada uno de los grupos que armamos en la parte inicial de este libro. Espero poder contribuir, de manera diferencial, para cada uno de los casos.

Debo reconocer que las recomendaciones para los primeros grupos y el último son las más complicadas y debo ser muy claro: no pretendo definir escenarios sencillos y simplistas, ya que, sobre todo en los primeros dos grupos, son personas que están pasando por una etapa tan complicada en sus vidas que estoy seguro que ni siquiera tienen tiempo para hacer un análisis a conciencia, quizás porque están preocupados por llevar algo de recursos para alimentarse todos los días. Sin embargo, trataré de ser sensible y prefiero intentarlo. Pido una disculpa a este sector de la población porque, tal vez, no logre conectar con lo que sienten y viven todos los días pero, insisto, lo hago porque creo que puede ser posible, asumiendo que será muy complicado.

LA **R** DE **CRECE**

Video 3, también lo puede encontrar en la siguiente liga de YouTube

https://youtu.be/HpBobASwZll

Reto del siguiente año para ir en la dirección correcta a la velocidad necesaria (tendencia; mediano plazo-un año/doce meses).

Ahora sí necesitamos abrirnos en la construcción de todas aquellas alternativas que nos lleven a consolidar el primer año de trabajo, con la tendencia que definimos en nuestra visión. Aquí un ejemplo muy simple para lograrlo.

Tus ventas del año pasado fueron de quinientos mil pesos y la visión que definiste fue que duplicarías esas ventas en cinco años; es decir, necesitas vender un 15 % más cada año versus el año anterior para ir en la dirección correcta a la velocidad necesaria, por lo que el modelo básico del plan sería el siguiente en términos de esa visión:

Año 0: quinientos mil pesos.

Año 1: quinientos setenta y cinco mil pesos.

Año 2: seiscientos sesenta y un mil pesos.

Año 3: setecientos sesenta mil pesos.

Año 4: ochocientos setenta y cuatro mil pesos.

Año 5: un millón de pesos.

Es decir, estamos considerando que estamos a finales del año cero, en donde estimamos que vamos a lograr ventas por quinientos mil pesos. Lo que tenemos que hacer ahora en el modelo CRECE es establecer la meta para el siguiente año; por lo pronto, solo para el primer año tenemos que lograr una venta anual de quinientos setenta y cinco mil pesos, 15 % más que el año pasado. En este momento vamos a incluir la inflación, como el aumento de precios para clarificar el modelo y hacerlo de la forma más simple posible para su entendimiento. Para esos setenta y cinco mil pesos más, debemos retarnos a explicar cómo lo vamos a lograr. Veamos la siguiente estructura de ventas para el año uno y algunas explicaciones de cómo se van a lograr estas ventas:

- Primero que nada, establecemos que vamos a sostener y vender, al menos, lo mismo que el año anterior, es decir, quinientos mil pesos.
- Ahora, vamos a simular que tenemos un incremento del precio de un 3 % por temas de materias primas de nuestro producto, es decir, quince mil pesos (inflación del sector).
- Decidimos explorar la opción de trabajar la mitad del día sábado, a pesar de que el año pasado no los trabajábamos, por lo que si nuestra venta diaria es de mil seiscientos sesenta y seis pesos, estimamos que este día podríamos vender el 50 % de la venta normal diaria, lo cual, multiplicado por los cincuenta y dos sábados que hay en un año, serían otros cuarenta y tres mil trescientos dieciséis pesos.
- Por último, vamos a tratar de vender un producto más a los actuales que hoy vendemos. En la actualidad tenemos diez clientes diarios y un ticket promedio de ciento sesenta y seis pesos, por lo que si consideramos que a dos de esos clientes les vendemos un nuevo producto de treinta pesos, tendríamos dieciocho mil pesos al año.
- Tenemos un total de quinientos setenta y seis mil trescientos dieciséis pesos ($576.316) que corresponde a un 15 % más que el año anterior.

Esto se puede ver de manera muy sencilla y práctica, en la siguiente gráfica:

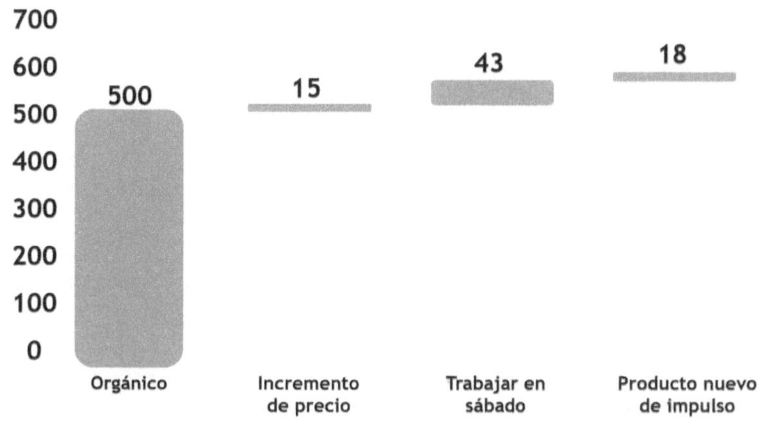

LA PRIMERA E DE CRECE

Video 4, también lo puede encontrar en la siguiente liga de YouTube

https://youtu.be/1MD3S39Ybbc

Enfoca tus esfuerzos en los puntos rojos (corto plazo) todos los días.

Todos tenemos en la vida la oportunidad de lograr lo que nos propongamos. Es una frase muy trillada que a veces suena muy lógica y otras como una verdadera estupidez por el simple hecho de que, la mayoría de las veces, depende de los privilegios que tengas y tuvieras. Sin embargo, en esta etapa del modelo CRECE estoy seguro de que para muchos será muy estresante, ya que no estamos acostumbrados a la lucha diaria o a la medición continua. El contar con un plan numérico claro en términos de ventas, ahorros, gastos, etc., ya es un gran avance, pero pierde todo el sentido tenerlo si no nos damos la tarea de dar seguimiento al mismo. Veamos el siguiente ejemplo, que va relacionado a un tema personal.

Vamos a suponer que aplicamos el modelo CRECE para un tema personal, porque lo mejor de todo es que también funciona para esta área. Vamos a pensar que queremos bajar de peso y que escribimos nuestro plan considerando este modelo. La C de crear una visión a cinco años y, en este caso, supongamos que la persona que lo va a aplicar tiene treinta kilos por arriba de su peso ideal y que quiere ponerse en la línea, sobre todo porque le preocupa su salud. Entonces la letra R, que es el reto del primer año, considera que debería bajar seis kilos en el primer año, es decir, en los siguientes doce meses. Si lo hacemos ahora por cada mes, debería estar pensando en bajar quinientos gramos al mes para que la meta anual se cumpla.

Vamos a exagerar un poco con este ejemplo, lo que nos servirá mucho para el entendimiento de esta etapa del modelo CRECE. De nuevo, supongamos que esta persona cuenta en su hogar con una máquina que puede medir su peso en gramos y que nos ayudará a dar seguimiento al plan establecido, considerando que debe perder alrededor de dieciséis gramos todos los días. Es decir, lo que estamos haciendo es partir el largo plazo (cinco años) en mediano plazo (un año) y, por último, ponernos metas diarias que se pueden considerar a corto plazo. Sí, estoy hablando de que tenemos que medir todos los días el avance y confirmar que la tendencia es la adecuada.

Siguiendo con el ejemplo, vamos a suponer que el primer mes se logran bajar seiscientos gramos en lugar de los quinientos gramos propuestos para un mes y que esto nos lleva a tener un festejo por el logro, pero se sale de control y en la medición de los primeros cinco días del siguiente mes, la tendencia estimada es que solo se bajarán trescientos gramos. Pues, estamos muy a tiempo porque esa medición se está haciendo los primeros cinco días del mes y, por lo tanto, estamos muy a tiempo de hacer algo que nos permita llegar a la meta.

Por ejemplo, supongamos que el médico le indica a esta persona que puede hacer un ayuno intermitente y, en consecuencia, dos días a la semana no cena y permanece más de dieciséis horas sin tomar alimento, con la estricta vigilancia médica. Es muy probable que el segundo mes en que se puso en riesgo, logrará rectificar el camino y a partir del día veinticinco del mes en turno, se puede medir y sorprenderse con que no solo va a alcanzar los quinientos gramos sino que, tal vez, llegue a bajar setecientos cincuenta gramos.

Siguiendo con el mismo ejemplo, ¿qué pasaría si todos los días se mide, se regula y logra su meta del mes? En términos del plan anual, hay una alta probabilidad de que llegue a bajar los seis kilos que definió en ese año.

Con este ejemplo, podemos entender con claridad de qué se trata la primera letra E del modelo CRECE y que, al final del día, suele ser la etapa más complicada o con mayor desafío para lograrla, sobre todo porque se trata de ejecutar y regular lo que sea necesario con tal de lograr la meta.

Partir el gran propósito de un gran sueño en pedacitos, te puede ayudar a ir ganando pequeñas batallas, las mismas que tienen un estrés especial porque las tienes que medir y actuar en consecuencia todos los días.

LA SEGUNDA **C** DE **CRECE**

Video 5, también lo puede encontrar en la siguiente liga de YouTube

https://youtu.be/meaVv2ZNikg

Check up, ¿estamos preparados para dar el primer paso?

En este mundo VICA (volátil, incierto, complejo y ambiguo), es muy importante hacer una revisión inicial de todos los recursos con que contamos para atender los planes que hemos definido para el largo, mediano y corto plazo. En esta etapa, debemos de ser muy sinceros y honestos con nosotros mismos, ya que es muy importante ver cuál es el verdadero obstáculo que nos está deteniendo de avanzar en nuestro plan, a fin de poder atenderlo. Por ejemplo, el no tener dinero para poder iniciar una nueva unidad de negocio similar a la que en este momento tienes, suele ser un obstáculo mental que, aunque puede ser cierto, si nuestros cálculos y planes son alcanzables, estoy seguro que podemos arriesgarnos y buscar opciones para financiar ese plan.

Siempre es importante saber con qué cuentas, tener claros los recursos en términos económicos, materiales y humanos para poder hacer frente a los desafíos para CRECER. Hay que hacer una revisión exhaustiva de cada uno de esos elementos y, en caso de que tengas algún tema que resolver, deberás establecer caminos alternos.

Por ejemplo, es muy normal que el primer impedimento que vemos para avanzar en nuestros planes es el económico así como el hecho de que no queramos exponerlo ante nadie, a veces por temas de ego personal o porque no queremos mostrar nuestra vulnerabilidad ante nadie. Sin embargo, la parte económica debe ser transparente; si no contamos con los recursos para CRECER es mejor asumirlo, entenderlo y buscar caminos para construir esos recursos iniciales para lograrlo. De otra manera, solo nos estaremos autobloqueando a nosotros mismos porque muy dentro sabremos que no estamos preparados para iniciar esta gran aventura.

De la misma forma, debemos de considerar el resto de los recursos. Por ejemplo, el tema del recurso humano es de vital importancia; si queremos CRECER debemos asumir que, a menos que sea en los primeros grupos de autoempleo unipersonal, necesitamos a otros seres humanos para lograr nuestro crecimiento, por lo que el planteamiento debe ser serio, ya que también en la selección del mismo personal hay una gran responsabilidad.

¿Cuántas empresarios en México conoces que integran en su primer equipo de combate a sus familiares? ¿Cuántas veces los empresarios mexicanos preferimos la lealtad que el talento? Y no quiere decir que esté mal, pero si queremos tener una verdadera estructura de líderes integrados en torno a un mismo objetivo, el talento se vuelve imprescindible. Por eso el *check up* debe incluir todas las vistas necesarias para entender si estamos listos para iniciar nuestro crecimiento.

Para consolidar la meta del primer año, debemos de analizar con detalle cada uno de los elementos que nos harán crecer y si no contamos con los recursos, debemos construir un plan para obtenerlos, por lo que el *check up* nos ayuda a revisar que tengamos todo para lograr, por lo pronto, el plan de los siguientes doce meses.

La segunda **E** de CRECE

Video 6, también lo puede encontrar en la siguiente liga de YouTube

https://youtu.be/U94c2jlJFv4

Encuentra la felicidad en el camino.

Por último, tenemos la letra E. Llegamos a uno de los capítulos más complicados de este libro, ya que nos toca hablar acerca de la felicidad. Por cierto, para escribir estas líneas encontré una aplicación que te puede ayudar a teclear o textear lo que vas hablando, por lo que me puse mis audífonos, me fui a caminar y empecé a dictar este capítulo. Claro, luego tuve que revisarlo ya que en el camino se cruzaban cosas de las que hablaba y que no hacían sentido a la secuencia que llevaba. En fin, ¡bienvenida la tecnología!

Hablar de la felicidad —siempre lo he dicho— es muy complicado y, a la vez, muy sencillo. Es muy importante entender que la felicidad es una emoción que es muy difícil que se pueda estandarizar, porque para cada uno de nosotros se manifiesta de diferentes maneras; mientras que para mí puede significar ciertas características o circunstancias de mi vida para otra persona puede significar lo contrario.

También tenemos que analizar la felicidad desde una óptica como punto de partida, es decir, desde donde se está viendo. Una de las críticas que puedo hacer acerca de muchos escritores y consultores que hablan acerca de la felicidad o del desarrollo humano es, sin duda, de que el punto de partida de la gente siempre es diferente. Es muy diferente hablar de la felicidad desde lo que llamamos el privilegio versus las circunstancias que quizás esté viviendo otra persona con complicaciones personales. Entonces, este tema se vuelve aún mucho más complicado porque debemos entender la raíz del lugar donde se está midiendo.

La felicidad es un elemento viviente, es decir que, independientemente del punto de partida de donde se analiza, debe haber un ingrediente que te haga tener ese momento o esa esa emoción, tal vez desde el privilegio cuando has tenido o tienes una estabilidad económica, una estabilidad social, una estabilidad emocional, lo que te da la posibilidad de disfrutar de una manera mucho más clara la felicidad y los momentos felices, esos que te generan alegría y que puedes vivirlos desde la sencillez de estar sentado en el parque, viendo el pasto, viendo los árboles, respirando y teniendo muy claro tu presente, tu aquí y tu ahora, como también puede ser algo muy diferente si te encuentras en una situación difícil en ese momento.

No puedo ver a un ser humano que no tenga claridad en cuanto a lo que lo hace feliz, es decir, de si te encuentras en una circunstancia complicada o no, hay cosas que te hacen feliz; porque si nada te hace feliz, creo que es un momento de mayor complicación en la cual yo no tengo la capacidad de analizar, pues debo ser muy responsable de no abordar un problema tan grave, de pensar que el estar vivo no te lleve a tener momentos de felicidad. Yo creo que, de entrada, este libro lo está leyendo alguien porque tiene un significado para él, entonces estoy llegando a una persona que puede leer y que puede distinguir su posibilidad de ser feliz o no.

Quizás en el camino habrá mucha gente que, inclusive, me pueda aventar el libro a la cara porque el momento que está viviendo es crítico y está a un grito de la desesperación, es decir, no desde el privilegio sino desde la complicación y ahí es donde quizás no tenga sentido lo que voy a hablar y el cómo construyo mi versión de felicidad, pues ni siquiera encuentran algo en la vida que les dé un pequeño momento de paz y alegría. Por lo tanto, aspiro a que podamos tener ese pequeño momento y que la suma de ellos te lleve a un camino y no a un punto al que tienes que llegar.

Así comienzo con ese tema pero, insisto, para mí es lo más complicado de mi libro y cuando lo resumo, la verdad, también encuentro que puede ser lo más sencillo cuando empiezas ejercitarlo y te das cuenta que estaba dentro de ti, sin que esto suene a romanticismo sino como algo alcanzable y que nunca lo vimos.

La felicidad es un estado de paz y conciencia del gran valor que tienen el aquí y el ahora. Quiero hacer énfasis en que su punto de partida tiene que ser, desde mi punto de vista, un camino. Vamos a empezar por identificar que la felicidad es esta emoción que conlleva alegría, que conlleva un significado, una apertura hacia algo nuevo. La felicidad, sin dudas, es un descubrimiento de cosas, de emociones, de circunstancias, pero tenemos que trazarlo como un gran camino. Por eso considero que lo más importante es visualizar un futuro mejor para llegar a él en cinco o diez años.

Trazar una línea de tiempo para lograr un crecimiento es una guia a seguir, pero es mucho más importante tener elementos que te hagan feliz mientras estás en el camino de lograr ese crecimiento.

En el largo plazo, sin dudas, debes buscar y encontrar siempre un camino lleno de momentos felices que para ti tengan una un significado importante. Eso es, desde es mi punto de vista, el inicio de una nueva forma de ver la vida que, a su vez, se vuelve un nuevo punto de partida.

Tal vez habrá una crítica al respecto y estoy abierto a la crítica porque, además, tampoco soy especialista en el tema, solo estoy proponiendo lo que a partir de mi realidad he vivido, siendo una experiencia que ha dado como resultado una magia en mi vida.

Esto es algo que he construido y desde un principio lo establecí como un proceso, pues lo he diseñado en base a mi persona. Sin embargo, estoy seguro que también habrán muchas personas que puedan visualizarse dentro de este modelo y distinguir con una mayor claridad que otros.

El modelo que vamos a explorar ahora tiene que ver también con en el hecho de las circunstancias de vida en la que te encuentres en este momento. Estoy seguro que si existe un momento complicado en tu vida y lees este capítulo acerca de la felicidad, quizás no tendrá ningún impacto que logre emocionarte.

Tengo que decirlo, esta no es una receta, es un marco estructural que se elabora de manera personal, por lo que el resultado será diferente para cada uno de nosotros. Es como un pastel: cuando lo haces, le pones un toque diferente al de cualquier otra persona y logras un sabor único. Eso, para mí, es lo sabroso de la vida: el sabor de tu pastel es único para ti. El sabor del pastel se lo diste tú, no está integrado con nada que viene de afuera sino todo está construido a partir de lo que está dentro de ti.

Vamos a comenzar con este tema de felicidad de una manera muy controversial, pero como es el último paso del modelo CRECE y tiene que ver con nosotros como humanos, iniciemos haciendo un diagnóstico de nosotros y nuestra relación con este tema. Para ello, tomemos en cuenta las siguientes áreas a evaluar:

- recreacional,
- social,
- espiritual,
- intelectual,
- física,
- salud.

De manera muy sencilla, deberemos hacer un diagnóstico, del cero a diez del cómo nos sentimos en cada una de estas áreas, con el fin de ir diseñando un plan para los siguientes doce meses. Lo más importante es que encontremos aquellas acciones que —relacionadas al tema— nos den felicidad al hacerlas, de tal forma que si no son el verdadero camino estoy seguro que no las dejaremos de hacer si en realidad nos impulsan y nos ayudan a ser felices, volviéndolas parte de nuestro nuevo estilo de vida feliz.

La felicidad es un gran camino, no es un punto al que llegas. Ya eres feliz el día que te propones lograr algo y al alcanzarlo te vas a dar cuenta si te provoca esa felicidad esperada y si logra mantenerte en esa misma emoción de manera cotidiana. Pero al siguiente día, si tienes que encontrar un nuevo camino porque lo que lograste no te genera la felicidad que esperabas, quiere decir que solo era una meta, un objetivo, no tu verdadera felicidad.

La vida se construye de grandes momentos, como cuando cumplimos años, cuando viene el primer día de clases, cuando no duermes por la emoción del siguiente día, cuando vienen los primeros quince años de vida de tus hijas o los dieciocho de tus hijos, cuando vas a hacer un viaje con tus amigos. En fin, la vida es eso: momentos, momentos y más momentos, es decir, la suma de momentos felices nos puede ayudar a construir una mente feliz.

Pero volvamos a las circunstancias de aquellos que por su condición de vida no tuvieron privilegios, inclusive en sus primeros años de vida. Aun así, tienen también el gran reto de construir sus momentos de felicidad y no por festejar o gastar en fiestas o viajes sino que, a veces, lo logran de una manera más genuina porque se basa en las cosas esenciales de la vida.

Para mí, esta felicidad de la que hablo tiene que ver con las cinco áreas antes mencionadas. En mi caso, yo trato de tener un balance de acciones en las que las involucro a todas ellas y lo hago a través de tres grandes círculos, los cuales voy a tratar de clarificar y lo voy a hacer de manera muy personal porque es mi verdad, como lo dije y como le ha venido diciendo a lo largo de este libro.

Yo hablo de lo que tiene que ver conmigo y estoy seguro que muchos podrán verse reflejados en mi historia como un espejo. Vamos con mi primer círculo, desde mi ser.

El primer y más importante círculo de mi vida —y no por un tema de egocentrismo—: soy yo. La forma en que logro mantener mi felicidad en el más alto nivel es ayudando a los demás a despertar y que valoren su vida y alcancen su propia felicidad.

Entonces, mi primer círculo de felicidad soy yo. Como lo he platicado a lo largo de estas líneas, yo fui *boy scout* por mucho tiempo y en este increíble movimiento siempre usábamos la mística para crear ambientes especiales y generar momentos inolvidables. Por ejemplo, cuando me dieron mi pañoleta, después de muchos esfuerzos, nos llamaron a un campamento y en medio de la noche, frente a una fogata, hice mi promesa *scout* e hincado me dieron mi distintivo de pertenencia. En mi caso, amuletos que me ayudaran a recordar mis rutinas de felicidad.

Por ejemplo, programé mi mente para tener mi pie izquierdo de ese lado de la cama, que es donde duermo: cada vez que me levanto tocando el frío del piso, logro conectar con mi psique y enviar un mensaje de gracias por un nuevo día. Es decir, mi pie izquierdo es el primer amuleto que me ayuda a ser agradecido, a recordar que soy una diminuta parte de la eternidad y eso me hace muy feliz porque me hace sentir vivo, abierto a nuevas oportunidades en un nuevo día. La palabra *gracias* por las mañanas te reconforta, te reactiva, te hace único, porque es un momento contigo y con la entidad o a quien creas que debes de agradecer; en mi caso, agradezco a Dios por un nuevo día.

Yo soy creyente, pero al final del día si ustedes no lo son y creen en algo más o, simple y sencillamente, en el destino, en la vida, en lo que sea, el tocar el piso con su pie izquierdo y que a su mente venga la palabra gracias les ayuda a reconfortar su mente, les ayuda al atraer un momento de agradecimiento y, a la vez, que haya una energía positiva de felicidad.

Para mí, el ser agradecido es sentirse muy feliz de poder estar despierto, de poder abrir los ojos, de poder ver un nuevo mundo.

¿Y por qué es importante el ser agradecido? Simple, porque lo tienes todo, por el hecho de estar vivo, pues si te comparas con otras personas que cuando tocan con su pie izquierdo el suelo no pueden dar las gracias porque no pueden ver, no pueden saborear, no pueden tocar —porque tal vez no tiene sus manos—, no puede escuchar o ni siquiera tienen su pie izquierdo.

Entonces, este es mi primer amuleto: mi pie izquierdo. Les recomiendo que construyan sus propios amuletos y vayan creando sus rutinas, de manera que los puedan usar para recordar alguna acción especial; puede ser su espejo, puede ser su baño, pueden ser muchas cosas, pero encuéntrenlos para que les ayuden a reflexionar, a regresar a ese momento, el cual es importante tenerlo de manera cotidiana.

Mi segundo amuleto, dentro de mi primer círculo, es el baño. Cuando me estoy bañando logro conectar con una segunda acción, al poner en mi mente que el agua que cae en mi cuerpo me ayuda a quitarme cualquier energía negativa que pudiera tener en ese momento, todos los pensamientos negativos que pudieron quedarse la noche anterior.

Al meterme en el baño, me mentalizo que me estoy quitando toda esa mala energía con el simple hecho de que cae el agua sobre mi cuerpo, mientras repito: fuera las malas noticias, fuera todo lo que ha entrado en mi cabeza, fuera lo negativo en mi vida. Con ello, logro limpiar mi mente y reorganizar mi cabeza de manera simple al abrir la llave y recibir el agua que cae sobre mí; me liberó aún más cuando el agua está muy caliente y logró maximizar mi desapego a lo negativo, sobre todo en muchos de los hoteles a donde viajo. No saben la alegría que me da porque me empiezo a quitar todo lo malo que traigo; quizás es una cuestión mental, pero este amuleto me sirve mucho.

El tercer amuleto en mi vida es muy simple y, además, creo que la mayoría de la gente lo hace pero no con ese significado.

En mis actuales actividades tengo que viajar mucho, tanto en avión como por vía terrestre, y uno de los elementos básicos de mi vida que he convertido en mi tercer amuleto es mi café diario. No saben cómo gozo de tomar café por las mañanas y, la verdad, no sé cómo podría vivir sin él. Cuando viajo, casi siempre voy acompañado de colaboradores de mi equipo —casi a diario— y todo el tiempo les pido que pasemos por un por una cafetería para no hablar llevemos un rico café para el camino.

El café de las mañanas para mí puede sonar romántico, inclusive, en algunos casos, puede sonar presuntuoso, pero tomarlo en las mañanas no significa para mí desayunar; integra en mí algo positivo, bondadoso, cariñoso, abierto a las oportunidades, tolerante y todo aquello que me hace una mejor persona. Yo considero que necesitamos todos los días llenarnos de un ingrediente, un amuleto, que nos haga recordar que somos únicos e irrepetibles y con ello podemos ir por la vida sonriendo y ayudando a los demás. Necesitamos ser un ejemplo de vida, del ser humano que necesita este mundo.

Alguna vez platiqué con mi mamá acerca de un tema que ella tenía en su vida y que le preocupaba. Ella decía que todos llevamos un costal a cuestas y que no conocemos lo que cada uno trae en su costal; a veces está lleno de piedras muy pesadas y el resto del mundo no lo ve porque es un costal invisible. Al no saber lo que trae cada uno en su costal, la otra persona debería mostrar respeto y un trato digno. Ahora lo vivo todos los días, cuando voy a un restaurante, cuando el mesero me trata mal, cuando la persona de alguna recepción me trata mal, me enoja a veces, pero trato de entender y logro ser tolerante porque no sé qué trae en su costal esa persona.

Si él te trata mal, pues trata de encontrar nuevos caminos para no engancharte porque desconocemos lo que hay del otro lado. A veces pensamos que el exigir el servicio o portarte como un ogro, gritando o comportándote como un desalmado y confrontar a todos, resuelve las cosas pero no es así al final del día. Si queremos ser mejores personas, tenemos que luchar contra nosotros mismos. El tomar café por las mañanas significa, para mí, tratar de fortalecer el camino correcto, el camino tolerante, el camino ejemplar y cada trago me llena de esa energía positiva, de esa persona buena y bondadosa que puede dar el paso, que puede saludar, que puede bendecir, que puede disfrutar pero, sobre todo, que puede y sabe comportarse de manera correcta con otros seres humanos.

Otro de los amuletos que uso en mi vida para alimentarme son las puertas que se van presentando en mi camino, las cuales uso para crear una analogía. Al abrir puertas, esas que de manera cotidiana abrimos todos los días, como la puerta de mi camioneta, la puerta de mi casa, la puerta del trabajo, la puerta del hotel donde me quedo, en fin, todas las que van llegando a mi vida, me mentalizo para confirmar que estoy abriendo nuevas oportunidades. Todos los días estamos abriendo oportunidades y eso nos tiene que llevar también a una lógica de seguir viviendo en el aquí y el ahora, en captar que a cada momento se generan muchas oportunidades

El cuarto amuleto es cargar un libro, siempre. Muchas veces cargo el mismo libro por una simple razón: no es para leerlo una y otra vez, porque ya lo he leído mucho, es para que esté presente en mi mochila y me recuerde lo importante que es que todos los humanos puedan tener un aprendizaje perpetuo. Nos hacemos a veces la idea de que al graduarnos en una escuela o el llegar a algún nivel de estudios, como tener una licenciatura, una maestría, uno o varios doctorados, diplomados, nos hace ser mejores que los demás y no es así; claro que nos hace tener más información, pero no tiene que ver con ser más que los demás.

Integrar mayor información a nuestra cabeza y a nuestro entendimiento, nos dotará de mayores herramientas para crecer y ser mejores personas. Ese debería ser, desde mi punto de vista, el propósito máximo de seguirnos preparando y no para ganar más dinero o para colgar títulos en las paredes de nuestras oficinas.

Después de la pandemia, hemos aprendido que podemos seguir desarrollándonos al nivel que queramos. Si quisiéramos hacer un curso en la mejor universidad del mundo, lo podríamos hacer porque hay cursos en línea que nos permiten lograrlo. Hay muchos modelos nuevos de aprendizaje, hay *webinars*, cursos de todo tipo. Entonces, ya se rompió con ese paradigma de que solo el ir a la escuela era la forma o el formato en que nosotros podríamos desarrollarnos en la vida.

Hoy tenemos, de una forma sencilla, el buscar ese desarrollo humano y aquí me regreso de nuevo al punto clave con el que inicie: aquellas personas que no tuvieron ni tienen el privilegio de estudiar, de tener una computadora o de desarrollarse, pues, va a ser difícil llegar hacia ellos, pero estoy seguro que muchos, en estos negocios iniciales, saben usar el teléfono celular y saben hacer clic para ver un video y, con la facilidad ahora de la tecnología, los puede llevar un aprendizaje simple y sencillo.

Tal vez falte cierta orientación de cómo poder tomar ese desarrollo; aquí ya no importan los títulos, aquí ya no importa llegar a pegar algo en tu pared, aquí ya no importa, insisto, lo que se aprendió en la secundaria, en la preparatoria, en la universidad o lo que aprendes en cualquier institución, lo importante es lo que haces con toda esa información, lo que llegas a ejecutar y el cómo lo haces, es decir, tu comportamiento en la vida.

Si tienes millones de títulos, si eres un distinguido doctor y eres un pelmazo, es decir, no te conectas con el resto de los humanos y no generas valor en ellos, de nada sirven tus títulos, pregúntate: ¿la información con la que cuento la puedo usar para ayudar al resto de los humanos, a una organización, a mi familia? Si la respuesta es afirmativa, vas por buen camino; si no es así, haz un alto y recapacita.

El quinto (amuleto) es un espejo.

Cada vez que me veo al espejo, me reconozco imperfecto y no porque sea feo, aunque sí lo soy. En realidad, lo que busco es reconocerme imperfecto porque todos los días seguiré luchando contra mi intolerancia, contra mi frustración, contra mi querer educar al mundo, contra mi enojo en la calle, contra mi tocar el claxon. Todos los días lucho con mi yo negativo porque no soy perfecto, nadie lo es y todos deberíamos de reconocer en nosotros mismos esa posibilidad.

Cada espejo que encuentro en mi camino, el de mi auto, el de algún aparador en una tienda, en alguna biblioteca, en el trabajo, en el hotel, en todos los lados donde puedo verme reflejado, me veo y me reconozco imperfecto pero con muchas ganas de corregir cada día mi parte negativa. Me reto a ser un mejor oyente, un mejor esposo, un ejemplo como padre de familia; a aprender a escuchar, a ser tolerante, a decir las palabras correctas, a tratar de ser una mejor persona, a ser una mejor versión de mí mismo.

El siguiente amuleto es parte de mi vida y de mi familia, porque tiene una gran historia. Llegó a nuestras vidas porque mis hijas, siendo unas pequeñas de cinco a siete años, me pidieron que cuando mi hija mayor cumpliera los doce años querían tener un perro. Entonces yo me dije a mí mismo: ¿doce años?, ¿trece años? Todavía falta mucho. Acepté y no me preocupé en su momento; les dije que no se preocuparan, que eso iba a pasar.

Cuando llegaron los trece años de mi hija mayor y sin tratar de recordar esa «promesa», la cual yo pensé que habían olvidado, las invité a ir a un parque a tomar un helado. Era uno de esos domingos hermosos donde todo se pinta de un color diferente.

Fue un momento clave en mi felicidad actual y que espero que dure por muchos años más. Ese parque de la Ciudad de México, que lleva por nombre el parque México, ubicado en la Condesa, lo visitan los domingos muchas personas y muchos llevan perritos que, bueno, te los quieres comer. Los llevan porque están buscando quien los quiera recibir y adoptar, lo cual era un peligro para mi paseo de domingo porque podría reactivar aquella promesa de hace siete años. Yo no pensaba pasar por ahí, porque la idea era tomar un helado y caminar, reírnos, cantar y decir chistes. Sin embargo, por alguna extraña razón, nos acercamos al lugar en donde se encontraban estos perritos adorables.

Ese día, recuerdo, se empezaron a acercar a las rejillas, pero yo sentía que no estaba preparado para recibir a un perro. Inclusive, con mi esposa, ya habíamos platicado y dijimos que íbamos a ser muy prudentes y trataríamos de explicarle a las niñas la gran responsabilidad que tendríamos al tener un perrito, en caso de que se acordaran de mi promesa, por lo que yo me sentí empoderado y pensé que podríamos salir del parque sin ningún rasguño. Pero cada vez nos acercábamos más hacia donde estaban los perritos y yo me hacía el loco, tratando de desviarnos, pero ellas me insistieron en «solo ir a verlos». En fin, acepté, porque sabía que mi esposa estaba de mi lado.

Ahí comenzó una nueva historia. Vieron de lejos a los perritos y, de repente, mi hija menor agarró a uno y lo tomó en sus brazos. Ahí acabó toda mi fortaleza de padre, cuando mi otra hija y mi propia esposa lo empezaron a abrazar también. Traté de rescatar el momento, alejé a mi esposa para volverla de mi lado, pero al escucharla y ver que se habría pasado del otro lado, no hubo poder humano que las pudiera convencer. Ya las niñas con la mamá de su lado, me pusieron en un lugar bastante complicado.

El perrito en brazos de mis tres mujeres, mis dos hijas (Emilia y Sara) y mi esposa Paty (o Bimbito, como le digo cariñosamente), con su carita feliz y sus ojitos llorosos, me dieron la mayor estocada de la vida, directa en el corazón. Me dijeron: «Papá, tú lo prometiste y es hoy». Yo me volteé con mi esposa, la llamé y me alejé un poco para pedirle ayuda y poder decirles que no era un día adecuado para aceptar.

Lo único que gané fue una confirmación frente a ellas: «Tú se los prometiste y sí, es hoy el día». Fue entonces cuando, el tercer domingo de enero, después de la Navidad, llegó Lucas a nuestras vidas.

La señora que nos lo dio, nos hizo firmar unas hojas en donde nos responsabilizábamos a cuidarlo, vacunarlo y protegerlo pero, sobre todo, a tratarlo con dignidad,

Medio enojado, lo cargué y ahí se derrumbó mi vida. Me tumbó, me enamoré de él para siempre, yo tampoco lo quise soltar más nunca. Lucas nos había flechado a todos, con sus ojitos y hocico negros, su pelo café y todo pequeñito, hermoso y tembloroso. Tenemos una foto en donde lo puse volteado hacia arriba y mis hijas colocaron sus manitas sobre la mía, la mano de mi esposa y, al final, la manita de Lucas, marcando el día de un nuevo motivante de felicidad en nuestro hogar: era la bienvenida a nuestro perro hermoso. La señora nos prometió que iba a crecer muy poquito y, obvio, nos mintió. Es un perro enorme pero hermoso, muy hermoso.

Pues es él mi siguiente amuleto, porque me recuerda lo importante que es el mantenerme sano. Todas las tardes-noches y una vez que ha caído el sol, mi perro me busca y empieza a dar vueltas, a ponerse inquieto a mi lado. Si estoy acostado, empieza a poner su cabeza cerca de mí; si estoy viendo la televisión, se pone enfrente para informarme que es el momento de salir a cumplir con su paseo, el cual disfruto al máximo.

Me recuerda, de manera cotidiana, que al sacarlo a pasear y a que haga sus necesidades y yo las recoja, se vuelve mi mayor amuleto de la salud, porque me ayuda a entender que necesito caminar al menos treinta minutos al día y con ello a enfocarme en cuidar de mí, tomar agua, alimentarme bien, dormir bien, cuidar de mi salud porque quiero extender mi vida lo más que se pueda para estar con mi familia, pero estar bien; ser un papá loco, un abuelo doblemente loco y feliz.

El siguiente amuleto que uso como ancla para recordar algo es un cubo de Rubik, el cual me ayuda a tratar de mejorar mis puntos de vista y ser más creativo, a atreverme a ver los problemas o los retos bajo diferentes posiciones. La creatividad es, en mi vida, una parte esencial, porque todos los días tengo que encontrar nuevas formas y nuevos caminos para seguir adelante, para seguir buscando crecer, para estar abierto a otro tipo de pensamientos. El cubo me ayuda a tener claro que hay otros lados con otros colores que, a veces, no alcanzo a ver.

Yo fijo mi posición respecto a algún tema y es porque mi estructura mental me da para llegar a ciertas conclusiones. Sin embargo, muchas veces estoy equivocado y en lugar de estar pensando en querer tener siempre la razón, es mejor estar abierto a otras posiciones. Eso nos hace crecer, eso nos hace ver las cosas desde un punto de vista diferente.

Generar nuestra creatividad se logra escuchando otras voces, posiciones diferentes y, con esa misma apertura, poder entender otras circunstancias de cómo nosotros vemos el mundo y eso —repito— nos hace crecer.

Equivocarnos debería darnos felicidad. Cuando logras recapacitar y reajustar, cambias de posición, en pro de algo mejor. Eso nos hace crecer y es parte de la felicidad: estar abiertos a nuevas formas de ver la vida y no querer tener la verdad absoluta.

Estos son algunos de los amuletos que uso como elementos recordatorios, para alimentarme y buscar mi propia felicidad. Si tú eres feliz, de seguro vas a poder tener la posibilidad de hacer feliz a mucha más gente.

Vamos con el segundo círculo, desde el amor.

Siempre estoy tratando de ser el ejemplo para mi familia siendo coherente, íntegro, positivo equilibrado, justo y ecuánime. Cuando estoy con mi familia busco estar al 100 %, trato de escucharla, de entenderla, de mimarla, de hacer lo que mi esposa y mis hijas quieran, y eso va haciendo parte de nuestra historia, desde decidir qué vamos a hacer los fines de semana hasta los viajes y los proyectos que queremos seguir viviendo juntos. Y cuando me refiero a mi familia, me refiero al más íntimo y cercano círculo de personas que son lo más importante para mi vida; el núcleo son mi esposa y mis hijas, continuando con mi madre, mis hermanos y, por supuesto, mi perro.

Imagínense una rutina diaria muy común, como muchas familias. Sin embargo, en la mía siempre tratamos de estar al tanto de las emociones de las niñas, de lo que están sintiendo y de sus sueños; tratamos de ser empáticos a sus necesidades; de salir con amigos; de tener un espacio para ellas, de que ellas vayan encontrando la construcción de sus sueños y, sobre todo, de impulsarlas a ver hacia adelante y crear nuevas formas de ver la vida.

Tradicionalmente, cuando tenemos la oportunidad de platicar acerca de lo que están viviendo, podemos darles mentoría y estrategias para que, a través de una constante reflexión, ellas logren aprender de lo que les va sucediendo. Nunca se pierde, siempre se gana o se aprende, ellas lo saben bien. A veces, las impulsamos a que hagan sus tareas de forma diferente a como están los profesores acostumbrados a recibirlas, con el fin de experimentar la enseñanza de exceder las expectativas en cualquier trabajo que les dejen. Creemos que esa es una de las mejores formas de volverse competitivo y diferente, y lo mejor es que ellas lo empiezan a usar como un proceso mental para la entrega de sus trabajos.

Uno de los amuletos que más uso con mis hijas es el chasquido de dedos. Cuando las veo enojadas o molestas por algo que ni ellas entienden por qué lo están sintiendo así o si lo entienden no vale la pena mantenerse en esa postura, bromeo y les digo que con un simple chasquido de dedos ellas pueden decidir cambiar de actitud, que pueden ver que sí es posible y que no vale la pena continuar con ese enojo o esa molestia, y muchas veces lo he logrado.

El chasquido de dedos es solo una forma de retomar nuestras vidas, es como si nos distrajéramos en tonterías que, además, nos sacan de nuestras casillas y ese sonido nos hace regresar al camino de la tranquilidad, de valorar el momento que vivimos y reflexionar de una manera muy rápida acerca del por qué no vale la pena seguir sintiendo lo que se está sintiendo. El amuleto del chasquido te puede ayudar a ti mismo a tener control emocional.

La familia siempre será el motor más importante para todo ser humano, aunque hay muchas personas que no lo ven así y eso es muy respetable. En mi caso, el poner en el centro a mi familia cuando trabajo me hace revolucionar mi cabeza porque tengo un propósito mayor, que es ver feliz a mi familia y no solo el trabajar por dar resultados.

En este segundo círculo, desde el amor, tengo en un lugar muy especial a mis amigos.

Todos tenemos amigos, esas personas que conocimos en algún momento de nuestras vidas y con las que llevamos una relación estrecha, a las que debemos también dedicarles tiempo, lo cual no es nada sencillo y más cuando, poco a poco, te vas integrando a una sociedad donde el trabajo te absorbe, la familia te absorbe, tu salud te absorbe y la agenda se vuelve muy complicada.

En la vida también empiezas a ir soltando algunas amistades, pero estoy seguro de que muchos de esos amigos que tienes desde la infancia, por ejemplo, entienden —y todos entendemos— que nuestros círculos cambian y está bien. De vez en cuando, vale la pena regresar a tocar base con aquellos niños que conocimos y que fueron parte de nuestra historia.

Les cuento que uno de estos días recibí una llamada de un amigo, el cual me invitaba a su fiesta de cumpleaños. Mi amigo era ese que todos tenemos desde la infancia, a quien seguro conocía desde los siete u ocho años, de esas amistades entrañables que tenemos y tendremos de por vida, a pesar, inclusive, de la lejanía geográfica que pueda existir.

Aunque ahora, con nuestra capacidad tecnológica, podemos estar en contacto con cualquier persona que queramos y que esté en cualquier parte del mundo y eso es fantástico, porque nada como tener y pertenecer a una comunidad que te conoce desde infante, que conoce como eras, tus sueños, tus locuras y con quien seguro tienes millones de experiencias mágicas y enriquecedoras. Bueno, mi amigo me habló y me invitó a su fiesta, lo que me encantó y acepté.

Como mi familia ya me conoce, sabe que cuando voy con esos amigos de la infancia, de la primaria y de la secundaria, me encanta estar con ellos escuchando y repitiendo una y otra vez las historias del pasado. A veces eso les aburre por lo que, casi siempre, prefieren dejarme ir solo para que yo pueda nadar en mis recuerdos y disfrute al máximo con ellos.

Cuando llegué, no vi a nadie conocido. Todos mis amigos de la infancia habían faltado, ninguno llegó; solo habían llegado señores y señoras con canas, algunos sin cabello y había puras personas que yo desconocía por completo. No estaba ni Carlos, ni el Biskey —como le decíamos—, ni el Popis, ni el Tuna, ni el Guamayo. En fin, nunca llegaron. Muchos de esos señores canosos decían que eran mis amigos, pero estoy seguro que no lo eran, aunque se acordaban de todo lo que hacíamos cuando éramos pequeños. Obvio que es una pequeña broma, porque yo también tengo canas y de seguro ellos tampoco esperaban verme así.

Necesitamos construir un círculo de amistad y no para estar todo los días con ellos. En este caso, con ese círculo de amigos cercanos, tal vez una, dos o tres veces al año logramos reunirnos, aunque no siempre están todos; siempre falta alguno y es por la complejidad de las distancias. Sin embargo, estar cercanos nos permite estar muy abiertos a ayudarnos y eso es lo que de verdad importa, lo que podemos hacer por otros.

Como ellos, tengo otros cinco o diez círculos de amigos cercanos, que fui haciendo en mi vida, en la universidad, en el trabajo, en todos lados porque, además, me gusta conocer gente, me gusta conocer cómo piensan otras personas de la vida y eso termina volviéndose amistad.

En el ámbito laboral, me ha tocado tener una posición de liderazgo y hablo del mismo no desde la autoridad, porque pienso que no es lo mismo. Yo he sido líder de equipos, aun sin ser jefe de ellos y eso me gusta todavía más. Por lo general, con los equipos que he tenido el honor de liderar, busco retarlos y desarrollar en ellos lo que todos tenemos dentro (que no es más que a un líder), que encuentren sus talentos y que evolucionen a pesar de que no sea en la propia empresa, si esta no les ofrece lo que ellos están buscando. Creo ser un buen líder y que no hay equipo que haya dirigido que no lo reconozca.

Llegamos al siguiente círculo de vida, desde lo social.

Para mí, lo más importante y lo que más claro tengo en mi vida es impulsar mi filosofía de ayudar a los demás, busco hacerlo con un desconocido de manera cotidiana porque eso me alimenta. Cuando tú ayudas a un desconocido de manera genuina, de manera desinteresada, logras crecer como humano; es como agradecer el que tú puedas ayudar a alguien y considerar que hay muchas personas que no pueden hacerlo y eso, sin dudas, creas o no creas en nada, tienes que agradecerlo.

Esta historia que les voy a contar es algo de lo que más me siento orgulloso, porque es la creación de una organización sin fines de lucro que llamé Intenta, la cual nació con un grupo de amigos y conocidos que, de manera altruista, me apoyaron a ayudar a la gente con problemas económicos y que a veces no podían llevar comida a su mesa. Todo esto nació en épocas de COVID-19, donde hubo muchas personas que pasaron por problemas muy graves, sobre todo en el ámbito económico, ya que muchas fueron despedidas de sus trabajos o su forma de generar ingresos se vio truncada por falta de personas a quien venderles sus productos.

Fue, entonces, cuando uno de mis mejores amigos de la infancia, estaba pasando por un mal momento, no solo en términos personales sino también económicos graves y uno de esos días en que nos hablamos por teléfono me contó por lo que estaba pasando y sentí que no debía dejar pasar la oportunidad de ayudarlo, por lo que se me hizo fácil: fui a una tienda de autoservicio a comprar víveres para él, productos que, en lo general, yo creía que podía necesitar. Los empacaron en la tienda y se los llevé a su casa.

Recuerdo que ese día pasé por unas hamburguesas a un *drive thru* y me fui a su casa para llevarle las compras y comer con él. Fue tanto el sentimiento de agradecimiento que recibí de parte de mi amigo, que me hizo sentir algo muy especial, el querer hacer lo mismo con más personas, por lo que llegué a mi casa y escribí en mis redes sociales un mensaje que más o menos decía algo así: «Si tú o tu familia la están pasando mal o tienen problemas económicos por haber perdido tu trabajo o tu forma de generar tus ingresos, yo me ofrezco a ayudarte con una despensa para que puedas tener al menos algo para comer por una semana. No soy rico ni tengo millones de pesos, pero te pido que no te vayas a dormir si no has probado alimento. ¡Por favor, búscame y veo cómo te puedo ayudar!»

Este mensaje, me pareció lindo para mis familiares y amigos que quizás pudieran estar pasando por esta situación y pudieran contactarme. Lo publiqué en la red social que uso de manera usual para mi círculo más cercano, Facebook, en donde no acepto a muchas personas y menos a desconocidos. Por eso se me hizo fácil publicar el mensaje, porque sabía que llegaría solo a ese círculo familiar y de amigos. En esa red tendré alrededor de cuatrocientos o quinientos contactos, nada más.

Al día siguiente tenía una lista de interesados en la ayuda, gente que yo no conocía y que no entendía de dónde había salido. Después me di cuenta que mis amigos y mi familia pensaron que era un anuncio de esos que les llegan y a ellos se les hizo fácil reenviar a su círculo de contactos, por lo que ahora ya tenía una serie de solicitudes importantes de personas pidiendo la ayuda que yo les había ofrecido a ellos. Sin embargo, aquí fue donde vino la magia de la vida, el destino o el karma a mi favor, porque también recibí de parte de muchos amigos mensajes de solidaridad y de apoyo para sumarse a ayudar a aquellos que la estaban pasando mal.

Fue cuando agradecí a Dios y al cielo que no me dejaran solo ante lo que se venía y esa fue la primera conexión mental que hice, por lo que empecé a crear un sitio web para poder impulsar la iniciativa y poder seguir ayudando a más personas. El sitio se llama Intenta y buscaba conectar a aquellos que la estaban pasando mal con los que querían ayudar y eso me hizo sentir triplemente feliz.

El sistema funcionaba de la siguiente manera: la gente me contactaba a través de WhatsApp para pedir ayuda, yo les manda un video grabado por mí, en donde les explicaba cuáles —hasta el momento— eran las reglas y poder tener un mejor control. Yo les pedía que me mandaran alguna tarjeta para depositarles y su INE (identificación) para saber quiénes eran y yo, por mi parte, compartía esas imágenes con las personas que querían ayudarles.

Ellos, su vez, confiando en mí, les depositaban de manera directa a los solicitantes, a quienes lo único que se les pedía era que sacaran una foto con la despensa, el ticket de compra y un letrero hecho por ellos mismos, agradeciendo a Intenta y el nombre de la persona que les había ayudado.

Un chef que conocí gracias a un gran amigo que tengo, que también colaboró para que esto pudiera seguir adelante, nos ayudó a diseñar un menú para que con equis cantidad de dinero y comprando los productos en ciertas tiendas, pudiera durarles para una semana a una familia de cuatro personas, tratando de controlar lo que los solicitantes compraban. Sin embargo, se volvió algo muy complicado, pero tratamos de encontrar muchas formas de ayudarles a los solicitantes y dejamos estas recetas solo como recomendaciones.

Uno de esos días, una persona me escribió y ya era la tercera vez que le ayudábamos, lo cual era válido y muy común. No obstante, la forma en que me pidió ayuda me molestó, porque sentí que esa persona lo exigía cuando era una ayuda de corazón. Me pareció que la forma en que me lo pidió no era la correcta y no es que quisiera que pidieran las cosas suplicando o que me alabaran por hacer lo que hacía, pero creo que fue demasiado directa, por lo que no me gustó. De verdad me hizo reflexionar mucho porque yo no quería eso, no quería que la gente se formara y estirara la mano.

Fue, entonces, cuando se me ocurrió una gran idea, al menos así me lo pareció. Me di cuenta que mis amigos y conocidos estaban ayudando porque confiaban en mí y yo lo que quería era que confiaran en la gente que estaba solicitando la ayuda. Entendí que los donadores estaban haciendo una buena acción que bien podía ser pagada con otra buena acción, de tal manera que, ahora, los solicitantes que me pedían ayuda, les regresaba un video en donde les pedía que hicieran una buena acción por alguien más.

A pesar de estar pasando por un mal momento, de seguro había personas que estaban en una peor situación y fue así como aquellos que me pedían ayuda, mandaban sus videos o sus fotos con personas que había ayudado o de sus buenas acciones. Así nació el eslogan: «Intenta, generando buenas acciones».[5]

Aquí fue donde comenzó a darse todo de una manera increíble, fabulosa y mágica, ya que hubo mucha gente que empezó a hacer buenas acciones por otros. Uno de los casos que más recuerdo, fue a una señora —todavía la tenemos en el grupo— que andaba en su silla de ruedas en la calle, regalando taquitos a las personas en situación de calle que, sabíamos, estaban en peores condiciones que ella.

Cuando ella me compartió su video y sus fotos de evidencia, me hizo llorar y también al compartirlo con su donador. Se logró regresar un poco de esperanza de que lo que habíamos creado; era un movimiento de buenas acciones, había ejemplos padrísimos de cómo los solicitantes ayudaban a otras personas regalándoles ropa, tortas, tacos, cobijas, etc.

Otra acción que se quedó grabada en mi mente, fue la de un joven padre de familia que salió a la calle, llegó a un lugar en donde había gente muy desprotegida y vulnerable y les decía: «Ven, toma la torta». Además, lo grababa en video. Todas esas acciones eran de personas que la estaban pasando mal y que tenían problemas económicos, por eso tenía un valor mayor que si lo hicieran si no tuvieran problemas.

Logramos que muchos afectados económicamente por el COVID-19 hicieran una buena acción por alguien y nosotros hacíamos otra buena acción por ellos, donándoles una despensa

---

5   Si quieres saber más, ingresa a https://intenta.homesteadcloud.com/.

para que pudieran ir pasando la pandemia y recuperaran sus trabajos. Logramos tener un impacto de más de mil personas, por lo que empezamos a hacer más acciones de otras maneras y creamos Intenta Peludos, para ayudar a albergues que cuidaban a perritos de la calle y que estaban desprotegidos.

También tuvimos la iniciativa, con el chef que me presentó mi amigo, de llevar comida a centros sociales de personas vulnerables. Fue, en realidad, una etapa en mi vida que logró conectarme con la mejor versión de mí mismo.

En resumen, una forma de ser agradecido o de dar las gracias es ayudar a los demás, de hacerte un planteamiento serio de hacer algo por los más vulnerables. De esta manera, das las gracias porque estás en la posición de poder ayudar y no de necesitar ayuda. Eso es una forma de agradecer por lo que tienes y por lo que eres.

En este gran círculo social, también impulso muchas acciones de manera altruista y creo que todos deberíamos tener un círculo en el cual, de manera permanente y contundente, podamos contribuir a tener una mejor sociedad.

También soy parte de la red de mentores de alumnos del TEC de Monterrey. Me gusta ser mentor, porque me gusta escuchar a los estudiantes y tratar de darles mis puntos de vista de lo que yo viví para que ellos lo consideren en su futuro. No es un tema de *coaching* sino, más bien, de mentoría.

También soy embajador de *The Global Economy Army* en México, porque soy ambientalista y me encanta representarlos aquí en México. Tenemos el propósito de sembrar un millón de árboles en nuestro hermoso planeta.

Los invito a que inventen sus propios círculos, que les permitan tener sus cinco áreas de vida lo más trabajadas posible, eso los llevará a un nuevo modelo mental de felicidad. Recuerda que entre más balance tengas en tu vida, mayor será tu acercamiento con lo que es tu felicidad. Evalúa en dónde estás en cada una de ellas y eso te facilitará el camino a corregir o a continuar.

Estoy seguro de que si buscas un balance en tu vida, lo puedes encontrar si desglosas la misma en estas áreas:

- recreacional,
- social,
- espiritual,
- intelectual,
- física,
- salud.

Todo este modelo lo he incluido en un gran programa llamado *Happy program,* en donde buscamos reflexionar de manera muy interna y personal, no solo para reconocer el nivel de compromiso propio que estamos desarrollando sino, también, un plan para poder avanzar, corregir o impulsar acciones, con o sin círculos, con o sin amuletos, pero que nos vuelvan al camino de la vida, del aquí y ahora, de lo que está hecha la vida.

Las organizaciones no están preparadas para hablar de la felicidad, prefieren quedarse en los objetivos, en la estrategia, en el crecimiento y en la rentabilidad. No es que esté mal este pensamiento, pero todo lo que acabo de mencionar se hace con personas; si esas personas no son felices, de seguro, en algún momento, todos estos indicadores pasaran a un segundo término.

Cada organización necesita, creo yo, tener un programa permanente que esté cercano al personal, que esté pensando en la armonía y bienestar de ellos y que no sea solo un trabajo lo que ofrezcan sino, también, un lugar digno en donde poder pasar gran parte de sus vidas.

El *Happy Program* tiene como máximo propósito que cada persona logre entrar en un nivel de reflexión profunda y real, que pueda hacer un plan en consecuencia, el cual será el nuevo camino a su propia felicidad.

El *Happy Program* que diseñé para algunas organizaciones incluía en su momento los siguientes elementos:

1. Una campaña de Gauss para ubicar a todos los colaboradores en algún lugar, es decir, clasificar a todos los colaboradores.

2. Para poder clasificarlos, se consideraban indicadores a cumplir tales como servicio, cumplimiento de estándares, rutinas de revisión, colaboración, retroalimentación y, en algunos casos en donde los empresarios así lo decidían, las ventas.

3. Una vez que se tiene la clasificación, se consideran tres grandes grupos:

   - Los colaboradores que cumplen por arriba del 90 %, es decir, quienes tenían una atención especial en la mayoría de los indicadores y, con ello, lograban excelentes resultados.

   - El siguiente grupo era el que podía cumplir con esos indicadores de un 80 a un 89 %. A veces esto se debía a que no habían entendido la importancia de tener un enfoque especial en los mismos.

   - De últimos los que estaba por debajo del 79 %, es decir, aquellos colaboradores cuyos resultados no habían tenido un desempeño adecuado debido a diferentes causas, las cuales se tenían como un desafío al tratar de entenderlas para poder modificarlas.

4. Al primer grupo se les asignaban beneficios extra y se les reconocía su persistencia y constancia, es decir, el que se mantuvieran en esos niveles les permitía tener ciertos beneficios pero enfocados a sus familiares: no se pensaba en beneficios económicos como lo son los típicos bonos, sino que se les daba la oportunidad de elegir algún beneficio dirigido a su familia, por ejemplo, un *check up* de salud para su pareja o padres. De la misma forma se les integraba abiertamente al *Happy Program* para demostrar la preocupación de la organización por el bienestar de ese grupo. El programa se iniciaba con el diagnóstico de las áreas que hemos venido mencionando y la generación de planes enfocados a mejorar el acercamiento al tema de la felicidad como reconocimiento a su labor en la organización.

5. Al segundo grupo se les invitaba a pasar por un proceso de recapacitación y se integraban a un programa de acompañamiento para que pudieran entender mejor el sistema, de manera que pudieran tener la posibilidad de integrarse en el primer grupo y tener los beneficios familiares del mismo.

6. Por último, el tercer grupo también entraba a un programa más robusto, tratando de explorar el entendimiento del sistema y, en caso de que no hubiese cambios fundamentales para ir avanzando, se podría considerar como candidato(a) a baja de la organización siempre y cuando se le hubiese dado la gran oportunidad de cambiar su condición.

El *Happy Program* pues, integra elementos de reconocimiento hacia la familia de aquellos colaboradores que cuidan de la propia organización y cumplen con las rutinas que se les están solicitando, teniendo como punto final la inclusión al proceso de su propia felicidad.

Aquí podemos observar un modelo para aplicar las acciones en cada una de las áreas desde el **yo** para darle un sentido inicial a la persona más importante en tu vida, que eres tú y, posteriormente, tener acciones o actividades en las áreas correspondientes que tienen un impacto en tus diferentes círculos de influencia o de impacto en tu vida.

Tercer capítulo

Historia del señor de los semáforos y del contador de mi empresa

El modelo CRECE aplicado al grupo de autoempleo unipersonal informal y formal

Storytime

Seguiré en esta parte usando la aplicación que transcribe casi todo lo que voy verbalizando para poder avanzar un poco más rápido y, además, de manera mucho más práctica en este libro.

Un ejemplo real de una persona que representa de manera perfecta al grupo de personas que viven de la informalidad es don Luis, un señor que trabaja en un semáforo cerca de un departamento en donde solíamos vivir en la Ciudad de México. Es una persona mayor, una persona que, sin dudas, es amable y amigable cuando se acerca a realizar su venta en donde se frenarán, calculo yo, alrededor de quinientos autos al día. Su oferta de valor se basa en cigarros sueltos, dulces, paletas e inclusive algunos *souvenirs* para niños y, sobre todo, chocolates.

Él llega alrededor de las once de la mañana a ese lugar. Voy a tratar de describirlo para identificar lo mejor posible al grupo que pertenece. Ya que es una persona mayor, calculo que debe tener alrededor de setenta o setenta y cinco años, viste bien, usa tenis, un chaleco, un suéter, una gorra y su herramienta de venta, la cual es como una caja de madera que pone frente a él para poder colocar ahí sus productos y así, de manera visual, los pueda ofrecer fácilmente. Además, cuenta con unos listones que le permiten cargar la caja que cuelga de él.

Como mencioné, inicia alrededor de las once de la mañana y ya no lo veía después de las cuatro o cinco de la tarde, supongo que trabaja ese espacio de tiempo. Este es el tipo de personas que representa el grupo con mayor vulnerabilidad. Sin embargo, si consideramos que tiene la posibilidad de moverse, la posibilidad de caminar, de levantarse, de subirse a un transporte y llegar hasta ese semáforo, asumo que todavía tiene grandes posibilidades de hacer cambios en su vida. No pasa así cuando encontramos a gente de una edad pero que ya están muy desgastados, en términos de salud, que tienen alguna enfermedad y problemas para caminar. Entonces, se vuelve muy complicado porque son personas que por más que quieran generar ingresos se les complica porque no pueden trabajar por esas condiciones o por el mismo desgaste que han tenido durante su vida.

Este tipo de personas suelen ser las más vulnerables, y será complicado poder ayudarles para darles una nueva visión porque, probablemente, sus enfermedades los hacen enfocarse en ello y no en pensar CRECER. Ojo, no estoy buscando solucionar el problema de todas las personas y de todos los grupos que vamos a revisar, sería una locura, una utopía y no creo tener la capacidad, ni pretendo hacerlo.

Cada persona tiene diferentes problemas en su vida, tienen diferentes escenarios y lo que yo pretendo es que abra una nueva posibilidad de encontrar un nuevo camino hacia su propio crecimiento.

En resumen, existen cientos de personas que pertenecen a este grupo. El autoempleo unipersonal informal está compuesto por hombres y mujeres que tienen que moverse para poder generar ingresos de manera individual y no pagan impuestos. Entre esas personas, existe un subgrupo de la máxima vulnerabilidad que son los de mayor edad, tanto hombres como mujeres que de manera usual andan por las calles tratando de vender o de pedir ayuda, en muchos casos, sin tener ningún ingreso seguro.

En el mismo contexto de individualidad pero que lo hacen de manera formal, tenemos a este grupo de personas que viven y generan sus ingresos pero que sí pagan impuestos, es decir, son formales. Hace algún tiempo conocí a un gran contador, quien me ayudó inicialmente en algunas tareas que yo necesitaba para una de las compañías con las que inicié mi vida. Ese contador tenía siempre una característica primordial, la cual era el hacerme ver, de manera cotidiana, la necesidad de tener en regla todos los documentos de la empresa. Era un estrés importante ya que él no solo buscaba que estuviera en regla sino que, además, estuviera en línea casi en tiempo real y esto era para mí muy complicado.

Él también llevaba toda la parte operativa de la organización en términos de altas, bajas y cambios con el seguro social, por lo que me ayudaba y manejaba también la caja, el pago a proveedores y uno de los elementos más importantes: la visibilidad completa del negocio que, a ciencia cierta, yo creo que, tal vez, en ese momento faltaba un poco más de visión y no solo el trabajo cotidiano u operativo, porque al final del día uno contrata un contador para que le lleve correctamente sus cuentas y emita los estados financieros correspondientes. Sin embargo, creo que también ahí hay una gran oportunidad en términos de otros servicios.

Me pregunto qué hubiese pasado si él me hubiera ayudado a tener algunas propuestas de otro tipo, para vender más, para ingresar más o para gastar menos, algunas formas de tener nuevos servicios. Lo digo porque, al final del día, en este tipo de grupos también se vuelve bien complicada la forma de hacer crecer su negocio, porque cuando dependes de ti solamente —y esa es una característica principal—, si tú no cotizas, no me envías propuestas o no haces presentaciones, en resumen, si no te mueves, nada se mueve, no se generan ingresos y eso, definitivamente, pone un riesgo importante a tu propia compañía.

El autoempleo formal conlleva un estrés especial porque, independientemente de que sea posible crecer, creo que también hay un análisis interno que se tiene que hacer. Algunas veces este tipo de personas no les gusta trabajar tanto en equipo o no les gusta estar empujando, arrastrando o impulsando a otros colaboradores, es decir, son personas muy individualistas y es muy válido, pero cuando trabajas solo te vuelves dependiente de ti mismo y eso, insisto, hace mucho más complicado el proceso de crecimiento.

La buena noticia es que sí hay opciones, es decir, no necesariamente se necesita tener un megaequipo para poder construir este tipo de elementos pero, sin duda, en algún momento sí se va a requerir de tener un acompañamiento, un apoyo, sobre todo en aquellas actividades que empiezan a ser no tan relevantes o que no tienen un alto valor para la compañía.

Este contador de verdad me ayudó mucho en tener todo en orden y las circunstancias de cumplimiento ante el SAT en la parte tributaria. Eso, para mí, estaba correcto. Yo creo que su crecimiento tenía varias oportunidades; por un lado, la parte orgánica que, simplemente, era mantener las cuentas con sus clientes actuales, cumpliendo al menos con su contrato y no excediendo ninguna expectativa que no estuviera dentro de lo ya establecido, por lo que una forma de crecer en este aspecto era, desde mi punto de vista, la ampliación de nuevas fórmulas, de nuevas alternativas, de solución de problemas y el ofrecimiento de nuevos servicios que pudiera ofrecer.

Corramos, pues, la metodología CRECE para este primer grupo de personas en el autoempleo unipersonal informal y formal.

Crea una visión y cree en ti (largo plazo-cinco años).

Reto para ir en la dirección correcta a la velocidad necesaria (tendencia), (mediano plazo- un año/doce meses), (siguiente año).

Enfoca tus esfuerzos en los puntos rojos (corto plazo-todos los días).

Check up. ¿Estamos preparados para dar el primer paso?

Encuentra la felicidad en el camino.

Informal

Antes que nada, creo que es muy digno el participar en esta actividad informal por lo que la pregunta es ¿cómo pretender, tan siquiera pensar, que una persona que no puede perder el tiempo en nada más que en trabajar pueda crear una visión? Este tipo de personas están ocupadas en generar dinero, intercambiar productos por una remuneración y, a veces, viajar por largos períodos de tiempo para tener una mejor posibilidad de lograr sus ventas e inclusive pedir dinero generando lástima para poder lograrlo.

Otra vez debo ser muy honesto, poder ayudar a aquellas personas que tienen un autoempleo unipersonal informal por necesidad básica es muy complicado, porque son aquellas personas que no tuvieron el privilegio de estudiar, de prepararse y, quizás, son aquellas que cuando fueron jóvenes no pudieron acceder a mejores condiciones de trabajo o estudio y, por ende, a mejores condiciones de calidad de vida.

Este tipo de personas las podemos encontrar todos los días en todos los lugares y podemos notar cuando nos ofrecen sus productos (dulces, cigarros, papas, etc.), o piden dinero en la calle, a veces por misericordia, porque no pueden hacer otra cosa pues no se les ocurre y quizás es porque ellos han pasado por un proceso muy difícil que, de seguro, ninguno de los que estamos aquí podría entender.

Hay una condición mucho más complicada en este grupo y es la de la gente de mayor edad que está abandonada y que sale a la calle a pedir dinero porque ni siquiera tiene la fuerza para poder ayudar a alguien a poder hacer un trabajo, dada su edad y su falta de preparación. Esa parte del grupo es la más vulnerable de todos los grupos clasificados en este libro.

¿Qué hacer entonces? Tal vez crear una visión para este grupo, al menos, podría ser:

«Dejar de hacer lo que en este momento hacen para tener una mejor posición, menos vulnerable y tener una base mínima para generar los ingresos necesarios para vivir». Y sé que estoy siendo muy imprudente tal vez por decirlo, pero creo que es muy válido pensar que, no en cinco años, sino lo más pronto posible, dejar de generar sus ingresos, con el modelo de venta en la calle, parados, caminando y sufriendo lo que hoy están sufriendo.

El lector estará de acuerdo conmigo pero se estará cuestionando también el cómo lograrlo. Esa pregunta la estaremos desarrollando más adelante, dándole fortaleza al propio modelo CRECE en los siguientes significados de cada una de las letras que componen la palabra.

Siendo una sola persona la que funciona en este grupo, creer en ti se vuelve básico para poder seguir adelante, para poder levantarte todos los días y para saber que puedes cambiar tu situación actual.

Formal

Vamos a diferenciar a este grupo, considerando la misma posición que el anterior, pero con la gran diferencia que este grupo lleva una contabilidad real y paga sus impuestos. Sin embargo, sigue conformado por un solo individuo quien es su propietario, administra su propia actividad y se beneficia de las ganancias.

Ahora bien, la gran diferencia está en que, por el hecho de tener un compromiso de llevar una contabilidad, tiene mucho más clara la forma en que puede hacer crecer su negocio, por lo que mi propuesta para este grupo en términos de «crear una visión y creer en ti», se puede construir a partir de algunos de estos ejemplos:

- Duplicar o triplicar tu negocio en cinco o diez años.
- Mejorar y consolidar las utilidades de tu actividad en un 40 % en cinco años.
- Reducir tus gastos con el fin de maximizar tus utilidades en un 50 % en los próximos cinco años.
- Triplicar tus ventas en cinco o diez años.
- Duplicar tu número de clientes actuales.
- Incrementar las ventas en un 30 % con cada uno de tus clientes actuales.

Cualquiera de estos conceptos puede crear una visión para cualquiera de estos profesionales de servicios. Ahora bien, la mala noticia para este grupo es que sus ingresos dependen de ellos, por lo que el CRECER va a depender, en algún momento, de la capacidad de su recurso más valioso que es su tiempo y su persona. Es decir, dado que la generación de ventas depende de ellos mismos, la capacidad de crecimiento depende de la forma en que pueda incrementar su productividad, pero siempre va a tener un tope y es ahí en donde entra nuestro proceso reflexivo para revisar si es posible multiplicar a la persona en «personas» similares a él para lograr ese crecimiento. Pero, insisto, depende mucho del nivel en el que se encuentra en ese momento este tipo de personas y si es posible ampliar más su capacidad o no.

Creer en ti, en este caso, también se vuelve un elemento básico, porque no puedes apoyarte en alguien más. Si este tipo de personas decide no trabajar, también decide no comer y eso lo vuelve un grupo muy vulnerable ante la posibilidad de crecer. De la misma forma, si lo convertimos en un pensamiento positivo y el creer en ti te hace llenar de energía es, sin duda, el elemento clave que te hará impulsarte hacia el movimiento y, por lo tanto, lograr el crecimiento establecido.

Reto para ir en la dirección correcta a la velocidad necesaria (tendencia; mediano plazo-un año/doce meses; siguiente año).

Informal

Se entiende que hoy la gente se dedica a esta actividad porque no tiene otra en su mente, por lo que trabajaremos en poner un listado de nuevas actividades que puedan reducir el esfuerzo de estar en la calle y que pueda estar al alcance de este grupo de personas:

- Seguir vendiendo productos, pero no en la calle sino en el lugar en donde viven, si esto fuera posible.

- En lugar de comercializar productos comprados, comprar materias primas y hacerlos ellos mismos, empacarlos y venderlos. Tendrán un mejor margen, el cual les ayudará a tener los mismos ingresos vendiendo menos productos.

- Vender otro tipo de productos para otro tipo de mercados y ocupar solo el tiempo cuando ese mercado tenga el mejor momento para hacerlo, cerca de empresas o tiendas que son anclas, como autoservicio, farmacias, etc.

- En resumen, se debe de empezar a fortalecer la actividad que cambie la situación actual dando los primeros pasos para lograrlo.

Una vez que se logre establecer ese camino, se deberá fortalecer el avance a través de metas cortas y medibles, con el fin de ir enfocando todos los esfuerzos en las mismas. Por ejemplo, los tres primeros meses de año se deberá haber explorado y analizado cuál es el camino nuevo que se quiere lograr. Si fuera el caso de tener un micronegocio frente al domicilio de las personas, se deberá pensar en cuáles son los productos que podrían ser interesantes para el mercado o público al cual se va a enfocar. Tenemos que tener doce metas, una por mes, las cuales deben estar encaminadas para que en el quinto año se logre una transformación total y se pase del punto A al punto B.

Formal

Una vez establecida una posible visión, como lo establecimos en el rubro anterior, tenemos que definir las metas a corto plazo, es decir, a doce meses y, por ende, comenzar con el primer mes.

Como queremos triplicar las ventas en cinco años, ofreciendo nuevos servicios a su base de clientes actuales, lo más importante sería ir definiendo ¿cuáles son aquellos servicios nuevos que los clientes están necesitando y que pueden ser interesantes para ellos, por novedosos o porque la ley se los va a exigir en algún momento? Aquí habría que trazarse una serie de acciones para la creación de esos servicios.

Por ejemplo, si en este momento solo se tiene la responsabilidad de altas, bajas y cambios del IMSS de los colaboradores de alguna empresa a la que el contador le da servicio, ¿por qué no integrar un módulo para la implementación de la NOM 35, enfocada en establecer los elementos para identificar, analizar y prevenir los factores de riesgo psicosocial, así como para promover un entorno organizacional favorable en los centros de trabajo.?

La definición de acciones para realizar el primer año o los siguientes doce meses, podría ser revisar tres opciones que existan en el mercado, que cumplan con lo que pide la ley y que él pueda capacitarse e inclusive hacer sinergia de negocios con el proveedor. Por lo que en los primeros doce meses se debe poner como objetivo haber evaluado al menos tres opciones y definir cuál es la mejor oferta que tomará como socio comercial para ofrecerlo a sus clientes y, de la misma forma, tener una negociación y firmar un contrato para que pueda acceder a precios competitivos y maximice su margen de ganancia en la reventa del producto a sus clientes actuales.

Enfoca tus esfuerzos en los puntos rojos (corto plazo-todos los días).

Ahora sí, pasamos de una visión a largo plazo, de cinco años, al reto del primer año en donde otra vez cortamos la visión en doce meses. Al tener este plan claro, podremos enfocar todos nuestros esfuerzos en aquellas actividades que nos estén indicando que vamos avanzando, a acciones medibles y alcanzables. Lo más importante de esta fase es crear un hábito diario, semanal, mensual, para ir avanzando con el plan. El ejemplo más sencillo es la lectura de un libro. Nos proponemos leerlo en un mes y si el libro tiene trescientas páginas, nuestra meta podría ser leer diez páginas diarias para que en treinta días logremos llegar al final.

En este caso en específico, en donde lo que buscamos es ir cambiando de actividad a un negocio menos complicado o que genere un menor esfuerzo o un mayor beneficio, es importante que el plan del primer año tenga claras las actividades para hacer ese cambio. Si la propuesta es, en lugar de vender en la calle o trasladarse a un lugar lejano, buscar un lugar más transitado —como idea inicial— que pueda darnos el tráfico necesario para poder seguir vendiendo los productos que antes se vendían en lugares lejanos.

Por ejemplo, en la ciudad, donde hay un tráfico enorme o en un semáforo de allí, cuando tal vez existan otros tráficos similares, cercanos al domicilio de estas personas. Por lo que la meta del primer mes de los doce del primer año sería encontrar al menos tres puntos nuevos con el tráfico adecuado. Una vez definida esta meta, debemos medirla todos los días, es decir, preguntarnos si ya contamos con algún lugar o si el plan es ir a buscarlo el fin de semana, etc.

Los puntos rojos son aquellos que te permiten ir midiendo un microavance que te va consolidar la posibilidad de seguir avanzando. Entre menos puntos rojos tengas, quiere decir que te diriges en la dirección adecuada y si está muy clara en la mente de este grupo, hay una verdadera probabilidad de éxito.

Recordemos los ejemplos de visión a largo plazo para este tipo de grupo:

- Duplicar o triplicar tu negocio en cinco o diez años.
- Mejorar y consolidar las utilidades de tu actividad en un 40 % en cinco años.
- Reducir tus gastos con el fin de maximizar tus utilidades en un 50 % en los próximos cinco años.
- Triplicar tus ventas en cinco o diez años.
- Duplicar tu número de clientes actuales.
- Incrementar las ventas en un 30 % con cada uno de tus clientes actuales.

Dado que este grupo es unipersonal, debemos de entender que es un grupo muy vulnerable porque depende de uno mismo y cuando hay alguna enfermedad o algún inconveniente para avanzar, se pueden complicar las cosas. Sin embargo, aquí va un listado de ejemplos que podemos reflexionar para lograr el primer año de nuestra visión:

- Yo pienso que uno de los elementos clave, cuando tu negocio depende de ti mismo, es la diferenciación contundente, es decir, preguntarte el por qué te preferirían tus clientes versus otras personas que se dedican a lo mismo. ¿Cuál es el valor diferencial?
- Algo extra de valor que puedas darles a tus clientes.
- Algún toque único y mágico.
- Algún horario extendido para atenderlos.
- Incluir otros servicios sin la necesidad de incrementar el precio y que no te cueste tanto a ti.
- De la misma forma, ampliar tu base de clientes actuales.
- Ampliar nuevos y diferentes servicios a tus actuales clientes.

- Incrementar la forma en que ofreces tus entregables, con un extraprecio que valoren tus clientes.

- Tener una oferta de valor irresistible.

- Mejorar tus tiempos de respuesta.

Veamos un ejemplo de un arquitecto que quiere duplicar sus ventas en cinco años y en el último año logró ventas de quinientos setenta y seis mil pesos con cuatro clientes de doce mil pesos, cada uno al mes.

Dado que nuestra meta al quinto año es de un millón ciento cincuenta y dos mil pesos de ventas, tendríamos que estar cuidando una tendencia anual del 15 %, aproximadamente, para llegar a esa cantidad en cinco años. Recordemos que lo importante es la tendencia, no propiamente el porcentaje exacto. Veamos la gráfica propuesta para atender la visión de este arquitecto:

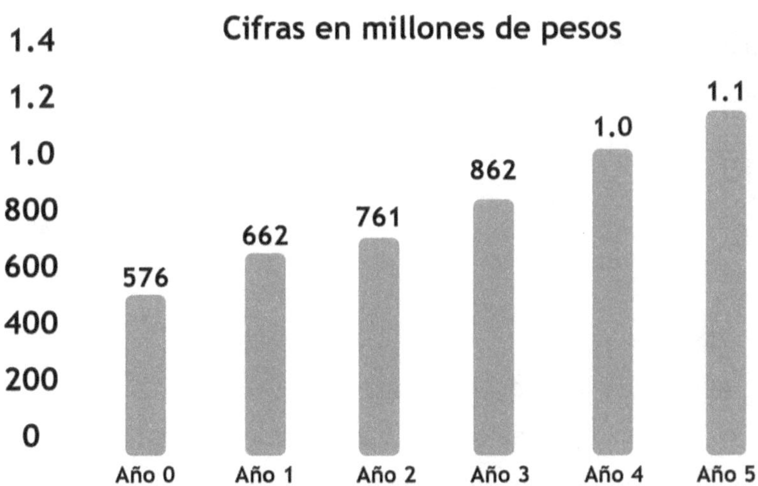

Listo, ya tenemos una visión clara de a donde queremos llevar las ventas de este arquitecto. Aparte de que la verdadera utilidad se genera, después de considerar los gastos y costos, en este ejemplo, asumimos que la administración de estos está controlada, por lo que, será cuestión de administrar esos recursos de manera correcta.

Veamos ahora, como quedaría su mediano plazo, asumiendo que la letra R de CRECE, se refiere al reto del siguiente año, es decir, del año uno.

En ese caso, para ese primer año, necesitamos que el arquitecto ingrese ochenta y seis mil cuatrocientos pesos en ese primer período y que mensualmente representan siete mil doscientos pesos más, comenzando el año y durante los siguientes doce meses.

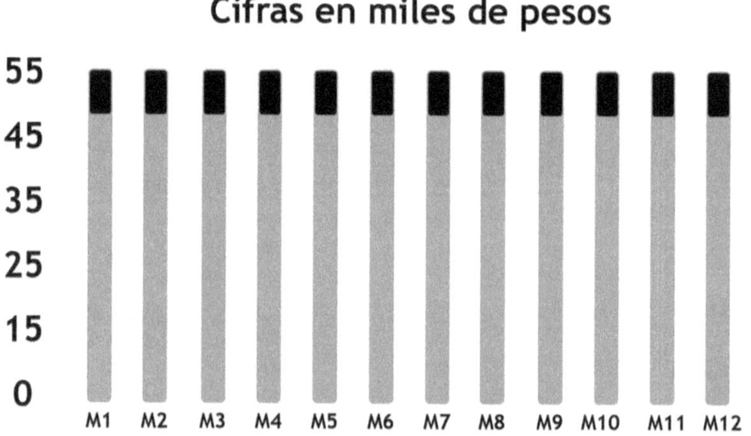

Ahora bien, las preguntas son:

- ¿Cómo lograr estas ventas extras mensuales?
- ¿El arquitecto tiene capacidad para atender a más clientes?

Vamos a hacer algunas suposiciones para que se entienda el ejemplo de una mejor manera, el arquitecto todavía tiene tiempo para atender a dos clientes más, es decir, tiene una capacidad subutilizada. Sin embargo, ganar un cliente más significa tener ciertos servicios más pequeños para irse ganando su confianza y llegar a los montos que de manera tradicional cobra a otros clientes, es decir, puede cobrar mil doscientos pesos por cada cliente al inicio de sus contratos. De la misma forma, el arquitecto tiene capacitación y cuenta con un equipo, para entregar sus diseños, con un servicio extra usando modelos en tercera dimensión, considerando ambos temas el plan quedaría de la siguiente manera:

1. Buscar cerrar trato con dos clientes más cobrándoles los mil doscientos pesos a cada uno para iniciar sus negociaciones.

2. Por otro lado, hacer que dos de sus cuatro clientes actuales, le acepten comprar a partir de enero, el nuevo servicio de entrega de sus diseños en 3D por dos mil cuatrocientos pesos más por cliente al mes, es decir, venderles más a dos de sus actuales clientes.

De esta manera, la construcción anual de sus *building block´s*, quedaría de la siguiente manera.

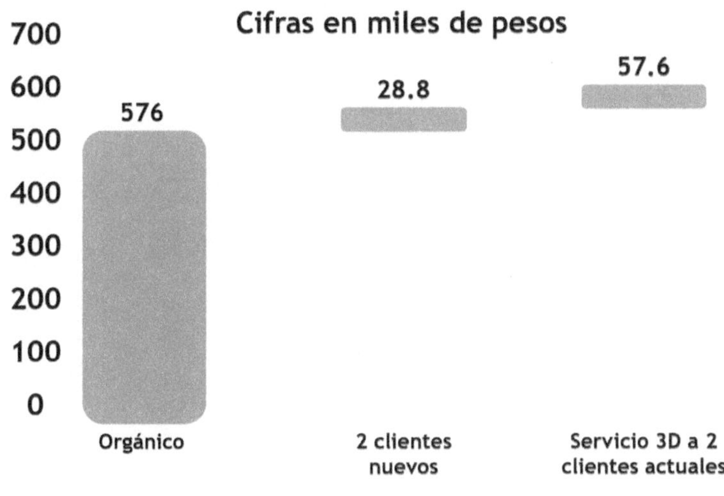

En esta gráfica, podrás encontrar el primer bloque que se refiere a mantener a los cuatro clientes con los precios que tienes por un año más, lo cual significa seguir entregando a tiempo y con la calidad adecuada sus proyectos. El segundo bloque se calcula considerando que dos nuevos clientes, te empezarán a pagar mil doscientos pesos para probar tus servicios, comenzando el mes de enero, por lo que serían dos mil cuatrocientos pesos más por mes, es decir veintiocho mil ochocientos pesos al año.

Por último, la estrategia es lograr que dos de sus cuatro clientes actuales, se sientan satisfechos con tu nuevo servicio de entrega de diseños en 3D, considerando pagar un extraprecio mensual de dos mil cuatrocientos pesos cada uno, es decir, cuatro mil ochocientos pesos al mes, por lo tanto cincuenta y siete mil seiscientos pesos al año.

Considerando que el plan se cumple, lograremos cumplir el plan anual con ventas de seiscientos sesenta y dos mil cuatrocientos pesos, es decir, 15 % más que el año anterior y con ello, mantener una tendencia hacia el objetivo de los cuatro años posteriores del plan a cinco años.

Ahora bien, la mayoría de los planes, no resulta como lo planeamos al 100 %, por lo que siempre debemos de tener un plan B o C para cualquier caso que veamos que pueda salir mal, aquí veamos un ejemplo de ello, con el mismo arquitecto.

Las ventas con los nuevos clientes, no se lograron en el mes uno, sino hasta el tercer mes, por lo tanto, vamos a simular el resultado con la siguiente gráfica:

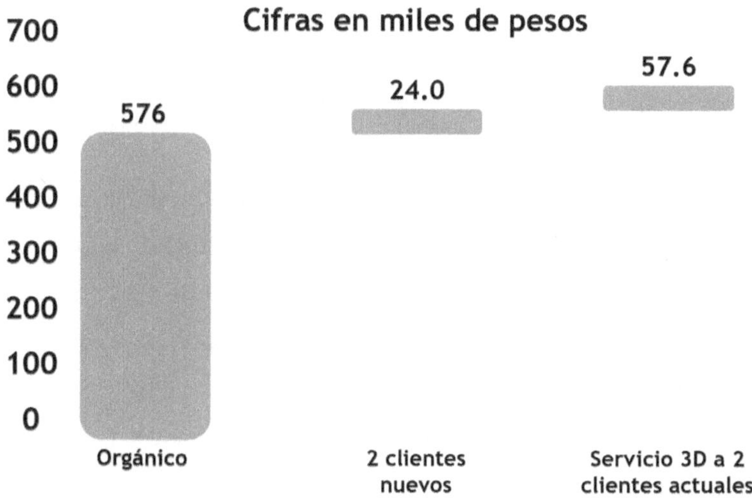

El ingreso planeado del segundo bloque no fue el que habíamos estimado, es decir, considerábamos tener un ingreso de veintiocho mil ochocientos pesos y los dos clientes se tardaron dos meses en cerrar el trato con el arquitecto. El cierre anual se vio afectado, ya que en lugar de lograr ventas por seiscientos sesenta y dos mil cuatrocientos pesos se logró una venta anual de seiscientos cincuenta y siete mil seiscientos pesos, una diferencia de menos cuatro mil ochocientos pesos.

El crecimiento no fue del 15 % esperado sino del 14,2 %, aproximadamente. Recordemos ahora, que lo importante es la tendencia, por lo que el siguiente año, tal vez al construir los bloques del arquitecto debamos de integrar nuevos bloques para buscar no un crecimiento del 15 % sino, tal vez, del 16 % para compensar el 0,08 % que no logramos el primer año por la tardanza en la toma de decisión de los dos clientes nuevos. Pero, insisto, lo importante en este caso es la tendencia, hacia dónde queremos llegar en el quinto año de nuestra visión.

Check up, ¿estamos preparados para dar el primer paso?

Llegamos al momento clave, porque en esta etapa ya hicimos una reflexión profunda acerca del lugar al que queremos llegar en cinco años, además de contar con doce metas para el primer año y los puntos rojos en los que nos estaremos enfocando todos los días para ir avanzando. En este punto, haremos una reflexión y nos preguntaremos si contamos con todo lo necesario para lograr los planes de los siguientes doce meses. ¿Por qué no se hace al revés? La respuesta es muy sencilla: si nos limitamos a ver con lo que contamos antes de adónde vamos, tendremos una base limitante que no nos permitirá ver un mejor futuro, nos enfocará a ver lo que podemos lograr con lo que tenemos.

Se trata de hacer un ejercicio de mayor aspiración, sin importar ningún límite y, luego, regresar a ver no solo lo que tenemos para alcanzar los primeros pasos sino a construir, en caso de ser necesario, las formas de preparación para ir avanzando con el plan.

En este caso la pregunta es cómo poder empezar a revisar nuevos lugares en vez de un semáforo para vender sus productos. Si esa es la actividad primaria que le sirve para tener ingresos básicos y mínimos para comer, en el *check up* se entiende que no hay tiempo para ir a buscar nuevos sitios, por lo que se deberá de hacer un plan para no interrumpir el tiempo de venta, pero sí hacer un esfuerzo por ir a ver antes de la actividad primaria o después de la misma.

Esta etapa nos sirve para analizar si tenemos todo para poder ir avanzando todos los días y, en caso de no tener o contar con todo, debemos plantearnos otra idea para tenerlo. Vamos a suponer que el costo inicial de lo que se va a impulsar es alto o que para poder tener un precio preferencial es necesario que tome un curso el cual tiene un elevado valor.

Bueno, se debe considerar un ahorro mensual para poder reunir el suficiente recurso y, entonces, tomar ese curso. Se vale hacer ese ajuste y, en paralelo, dar los pasos del ahorro y de la evaluación de sistemas, para a mitad de año ya tener el dinero suficiente para poder pagar el curso y lograr avanzar. Todos los días debemos medir que vamos en el camino adecuado, con la tendencia adecuada y el ritmo o velocidad adecuados.

Encuentra la felicidad en el camino

En este caso, parecería una locura pensar que una persona que es altamente vulnerable porque depende de ella misma para generar sus ingresos pueda encontrar un camino para su felicidad. En este punto, no estoy haciendo un planteamiento de felicidad basado en lujos o sueños inalcanzables sino, más bien, el ver las flores del jardín por donde pasamos, el platicar con alguna persona del mismo lugar, saludar a los vecinos.

En fin, si buscamos dentro de nosotros estoy seguro que hay cosas que a la gente le satisfacen y el hecho de impulsar una de las letras, enfocados en que no importa la actividad que se realice, ni el grupo al que pertenezcan, si no encuentran en lo que hacen algún elemento que les dé felicidad estamos en problemas. Sin embargo, de algo sí estoy seguro y es que hasta la persona con más problemas en el mundo tiene alguna forma de construir momentos en el día que le den un poco de paz, tranquilidad y eso les genera felicidad.

Todos tenemos malos momentos en nuestra vida y en este grupo, en especial, es de suma importancia tener una actitud positiva todos los días de tu vida, porque al trabajar y ser un individuo independiente, si hay algún proceso de depresión o algún lapso negativo en la vida de estas personas, todo el modelo se puede venir abajo. Es necesario encontrar en la posibilidad de CRECER y en el modelo para lograrlo elementos que te ayuden a ser feliz.

Por ejemplo, los contadores, los diseñadores, los choferes de Uber, los arquitectos, entre otros, deben amar parte de su vocación, deben disfrutar en algún momento lo que hacen y el cómo lo hacen y, de la misma forma, deben encontrar la fórmula de endulzar los momentos y los retos que van venciendo, celebrando los avances y siendo agradecido con la vida.

En el capítulo general de la felicidad, se pueden encontrar las áreas en las que este grupo deberá estar trabajando para encontrar esa felicidad que es única e irrepetible para ellos.

Cuarto capítulo

Historia de la señora del pozole

El modelo CRECE aplicado al grupo de autoempleo multipersonal informal y formal

Storytime

Esta es una de las historias más fascinantes de mi vida, primero, porque hay muchos mexicanos que se dedican a este tema y estoy seguro que no es una condición exclusiva de nuestro país sino que debe haber millones de personas en el mundo cuyo modelo de negocio está basado en el «sabor» y eso lo hace aún más fascinante. Esto es, sin duda, la posibilidad de tener un toque «mágico» para cocinar, el cual tienen muchas personas y, a veces, se da exclusivamente en ciertos lugares y eso es lo que hace la gran diferencia.

Uno de los elementos que juegan en contra de estos negocios es el bloqueo que se va creando para poder crecer, pues el hecho de que sea una sola persona, Juanita, por ejemplo, o cualquier otra increíble cocinera en el mundo (es que ellas tienen un toque especial y eso las hace especiales) y querer duplicar el personal o tener un negocio similar en otro lugar es inicialmente complicado, por esta condición de «secreto personal». Pero, desde el punto de vista, en los negocios se tiene que considerar un modelo como el CRECE para poder brincar este gran bloqueo que en múltiples lugares se tiene y que a veces es más por un tema de tradición que por otra cosa.

Si partimos de la base de que todo el *know how* queda en una sola persona, es obvio que cuando la persona ya no está, cuando la persona fallece, el producto y el negocio se viene abajo.

Está la historia, entonces, de una pozolería que conocí y que de verdad el sabor era completamente inenarrable, exquisito y de otro mundo, el cual recuerdo a la perfección con mucha nostalgia. Al día de hoy, cuando pasó frente al lugar en el que estaba el negocio, recuerdo cuando iba a comer quesadillas y pozole. Este lugar no era un lugar formal y estoy seguro que los lectores conocen cientos de lugares como el que describo, un lugar en donde una señora era la líder de ese negocio aunque en muchos casos, ya empieza a verse hombres cuyo toque es personal es, también, inolvidable.

La señora de la que les voy a platicar, vivía en unos edificios en una zona muy céntrica a la Ciudad de México y debajo montaba su negocio: su mostrador, sus refrescos, la megaolla de pozole y el comal para las quesadillas, además de colocar un par de mesas y sillas para sus clientes, todo listo para vender. Los jueves, viernes y sábados —no recuerdo si los domingos— comenzaba a eso de las cuatro o cinco de la tarde a colocar sus lonitas, las cuales eran colocadas con su equipo, un par de hijos que tenía.

Ella empezó a crear ese modelo de negocio que, desde mi punto de vista, era completamente exitoso y cuyo punto clave —insisto— era el sabor, uno superespecial. En las noches podían verse a veces largas filas de espera, de gente que iba para llevarse dos o tres contenedores de pozole, es decir, no llegaban por uno solo, compraban varios para llevar o sino llevaban cubetas, la señora se las vendía. No sé cuántas ollas de pozole hacía diarias, yo pienso que al menos tres grandes porque el toque era mágico e increíble.

Sin embargo, la señora tenía un carácter muy especial; sí, el sabor era muy bueno pero su trato era terrible. Tenías que ser muy cuidadoso al pedir las cosas y tratar de caminar por un proceso de atención y servicio con mucha prudencia; si le caías mal, tenías que esperar a que ella quisiera atenderte; tenías que mentalizarte en que no ibas para que te saludaran cordialmente, lo hacías porque el sabor era inigualable. Pero, insisto, este tipo de negocios siempre tiene que ver con aquella persona que tomó el riesgo, que se aventuró a echarlo a andar y, en este caso, la verdad hay mucha gente que no lo haría.

Estoy seguro de que hay mucha gente que, por alguna razón personal, es lo último que harían en su vida y por eso me gustó aún más este ejemplo: por el sabor, por la historia y porque me ayuda a ejemplificar a todas esas personas que en grupo hacen un negocio familiar que les funciona a generar sus ingresos.

La mayoría de los negocios de comida de este tipo cuentan con un equipo muy familiar y con una estructura mínima de operación. Si el sabor —que para mí es el punto clave— es diferenciador tiene una gran oportunidad de escalar, es decir, de replicarlo en otros lugares. Sin embargo, cuando la receta la conoce una sola persona hay una alta probabilidad de que no escale, porque confundimos un lugar muy rico para comer con un lugar escalable. La clave del éxito está en abrir la mente, capacitar, entrenar y preparar a otra persona u otras para que se pueda contar con un equipo que pueda ayudar a hacer crecer el negocio y eso no pasa muchas veces, porque la persona que cocina no quiere compartir sus secretos, lo cual es muy válido, pero eso mismo frena la posibilidad de crecer.

En este caso, si la señora de la que hablamos hubiese leído este libro antes de partir, porque falleció ya hace un par de años y se llevó con ella la receta, si hubiera sabido de esta metodología y la hubiera podido aterrizar, tal vez estaríamos frente a uno de los negocios de franquicia más éxitos en México, pero eso no sucedió.

El negocio pasó a manos del hijo más cercano pero, por obvias razones, ya no fue lo mismo, perdieron el sabor y con ello a sus clientes más leales, incluida mi familia.

¡Imagínense cuántas pozolerías y quesadillerías hay en México! ¡Cuántas cocinas y locales informales hay en todos los países! Los puntos clave de este tipo de negocios, tanto los informales como los formales, son contar con un equipo de apoyo —sobre todo moral y de trabajo, normalmente la familia—; el crear un producto totalmente diferenciador, es decir, que sea único por su sabor o el servicio —aunque para mí es mucho más importante el sabor—; la cultura, la posibilidad de crecimiento, impulsando y compartiendo con las personas clave la receta especial; y por último, tener un plan como el CRECE para ir avanzando al ritmo adecuado, en el camino adecuado.

El propósito del libro es que aprendamos a tener una visión pero que, dentro de la misma, podamos tener los elementos claros para avanzar y en el camino de lograrlo encontremos la felicidad.

Por último, hago un pequeño homenaje a doña Mago, quien vivió, cocinó y nos hizo felices a muchos con su pozole. ¡Gracias!

Corramos, pues, la metodología CRECE para este primer grupo de personas en el autoempleo multipersonal informal y, posteriormente, el formal.

Crea una visión y cree en ti (largo plazo-cinco años).

Reto para ir en la dirección correcta a la velocidad necesaria (tendencia; mediano plazo-un año/doce meses; siguiente año).

Enfoca tus esfuerzos en los puntos rojos (corto plazo-todos los días).

Check up, ¿estamos preparados para dar el primer paso?

Encuentra la felicidad en el camino.

Crea una visión y cree en ti (largo plazo-cinco años)

Recordemos que en este grupo encontraremos a negocios informales y formales, en donde comúnmente cumplen con la regla de contar con un líder del negocio y un equipo. Es importante resaltar este tema en comparación con el primer grupo, el cual está conformado por personas que trabajan de manera individual y que, a veces, no cuentan con el apoyo para seguir en el negocio, porque dependen de ellos solos y en el caso de equipos de autoempleo multipersonal, informal y formal, podría seguir el negocio porque son varias personas las que forman parte del mismo y esa es la gran diferencia.

Ahora bien, en este grupo el líder es la figura más importante, porque el resto del equipo, por lo general, está acotado a hacer tareas repetitivas y no siempre va a poder tener una visión, dado que siempre harán referencia a que el líder es quien debe tenerla.

De la misma forma, como en todos los negocios, la visión a cinco años podría ser:

- duplicar el negocio;
- triplicar el negocio;
- aumentar la utilidad al doble;

- contar con otro punto de venta, otro local en otro lugar para el mismo negocio;
- contar con dos nuevos puntos de venta.

Como podrán ver, la visión suele ser algo sencillo. Sin embargo, hay muchas personas que no logran establecerla por múltiples razones, a veces, por simple falta de una lógica hasta por no querer hacerlo porque no saben cómo o les genera complicaciones organizativas. Estoy seguro de que todos quieren CRECER y generar más ingresos, pero no muchos están dispuestos a hacer lo que se requiere para lograrlo. Espero que al final, este libro provoque la posibilidad de que muchos microempresarios, tanto informales como formales, quieran hacerlo.

Reto para ir en la dirección correcta a la velocidad necesaria (tendencia; mediano plazo-1 año/12 meses; siguiente año)

Ahora bien, si ya tenemos una clara visión de hacia dónde llevar el negocio, una de las recomendaciones que les hago es que compartan esa visión con su equipo más cercano: un hijo, un hermano, etc., para ir blindando la estrategia. Pero debes tener mucho cuidado, es posible que esa persona con la que expongas tu visión sea la que crea que no es posible. Debe quedarte claro que esa persona piensa desde su forma de ver la vida y si tú en realidad estás convencido o solo lo haces por enriquecer tu decisión, no para cambiarla, al menos que haya algo que en realidad ponga en riesgo el futuro con esa decisión pero, en líneas generales, eso no debería de pasar.

Ahora deberás considerar doce meses para identificar cuáles son los pasos a seguir y cuáles son los puntos clave que nos llevarán a avanzar a la velocidad adecuada en el sentido necesario. Para este caso, pongamos el ejemplo de tener dentro de la visión un nuevo punto de venta en cinco años y, sin importar si es formal o informal, los pasos a seguir en el primer año podrían ser:

- Identificar qué hace diferente al negocio y cuál es su mayor diferenciador.
- Considerar cuáles son las circunstancias que lo hacen diferente (sabor, lugar, servicio, concepto).
- Luego, revisar las circunstancias de mercado con las que cuentan actualmente. Es decir, si es una cocina, revisar cuánta gente pasa por el lugar, si están en una esquina, si se encuentra visible el negocio, etc.
- Una vez, teniendo en cuenta esas circunstancias que han hecho exitoso el negocio, buscar en qué lugar podría considerarse ese segundo negocio, las ventajas y desventajas que tiene determinado lugar.
- Si logramos establecer las actividades que se requieren para avanzar, podría quedar algo así: en el primer trimestre, se deberían tener identificadas las claves de éxito del actual negocio; en el segundo trimestre, buscar, al menos, un par de opciones para tener esa apertura y validar si se cuenta con lo necesario para hacerlo.
- Si hay algún tema —que normalmente lo hay— en cuanto al tema de inversión para ese nuevo punto, pues, se va a trabajar para generar el ingreso extra necesario para juntar el monto definido y, luego, poder hacerlo. Esto es

parte del siguiente paso del modelo CRECE, la parte de los puntos rojos y del *check up* para revisar.

Enfoca tus esfuerzos en los puntos rojos (corto plazo-todos los días)

Si tenemos claras las actividades y las metas trimestrales, semestrales y anuales, ahora debemos pasar a las diarias. Aquí nos debemos de preguntar, ¿cuáles deberían ser las actividades diarias que nos ayuden a mantener en un buen ritmo para llegar a la meta mensual? Y todos los días debemos de enfocarnos en ellas, sin impedirnos seguir con lo que hace del negocio un éxito; es decir, son actividades extras que deberán realizarse en un tiempo adecuado que busquemos para lograrlas y, al final, deben de ser sencillas.

Veamos otro ejemplo:

- Tener un calendario/agenda para definir las actividades.
- A diario debemos revisar, durante un mes o tres meses, posibles lugares para el nuevo punto. Tenemos que hacer un espacio en la agenda o un dedicar un día en especial para tener esta posibilidad.
- Si ya se tiene alguna idea de cuál es el lugar en donde podría nacer el nuevo punto, considerar ir un día, de preferencia el día de menor venta en el negocio actual, para ver el tránsito de clientes, si hay algún tipo de negocio de competencia, etc.
- Todos los días o una vez a la semana deben haber acciones en favor a la visión. Como están claras las metas del trimestre, descomponlas en metas diarias.

Ahora sí, tenemos que preguntarnos si tenemos todo lo necesario no solo para ir avanzando sino también para ir creando la cultura de la prevención y anticiparnos a ella. En este caso, debemos cuestionarnos todo pero, sobre todo, el tema de los recursos financieros porque, en líneas generales, es el punto clave que limita o pone freno para seguir con el sueño de crecer. Debes considerar estos aspectos en esta fase.

- ¿Cuentas con alguien de tu equipo que pueda ser entrenado y pueda replicar lo que hace diferente a tu negocio en el mercado?
- ¿Cuentas con la inversión necesaria para poder pensar en la inversión inicial?
- ¿Conoces el monto que necesitas para poder invertir, copiando básicamente lo que actualmente haces?
- Para obtener los materiales con que elaborar tus productos (en el caso de este rubro), ¿puedes tener proveedores extras?

Si tomamos como base todas estas preguntas, estoy seguro que de aquí salen varias actividades a ser incluidas en la agenda del reto del primer año ya que, en caso de no contar con los recursos financieros, lo cual es muy común, pues debe haber un plan B para conseguirlos. Puedes buscar una inversionista (no recomendable, ya que pierde la esencia de hacer nacer un negocio con recursos propios, pero es una opción) o ir al banco para ver qué tasas ofrecen (lo cual tampoco lo recomiendo y lo mejor sería darte el tiempo adecuado, entre doce o veinticuatro meses, para ir ahorrando el monto necesario e ir generando la posibilidad de lograrlo).

Por ejemplo, si el costo de la actual cocina fue de 50,000 pesos, incluyendo todos los equipos con los que hoy cuentan, pero en este momento no tienen esa cantidad se puede ir ahorrando mensualmente dos mil pesos y en dos años habrán juntado lo necesario para comprar los equipos de ese segundo punto.

Encuentra la felicidad en el camino

Y lo mejor, no debe haber ningún plan, ninguna visión o ningún negocio que no disfruten de hacerlo. Si no es así y de alguna forma lo sufren, hay dos opciones: cambiar por completo de negocio o intentar encontrar algunas actividades adicionales al propio negocio y que le permita al líder y a todo el equipo ser feliz. Suena sencillo y al mismo tiempo difícil pero, en realidad, si lo vemos con la firme creencia de que sí es posible el tener una actividad que te enaltezca y ayude a poner los pies en la tierra para ser feliz, pues, debemos tomarla.

Por ejemplo, si al líder o a alguien del equipo le encanta ir al cine y le satisface de tal manera, que lo haga; si a otro miembro le encanta ir a hacer ejercicio y esa es una actividad que lo hace feliz, debe buscar el tiempo para hacerla.

Aquí hay una pequeña guía para construir una posibilidad de ser felices, teniendo un balance en las diferentes áreas que componen nuestra vida diaria y que ya hemos planteado al principio en este libro, la cual incluye una reflexión profunda, muy individual, para lograr definir un plan también personal, de aquellos cambios que se deben impulsar en la vida de los participantes, con el firme propósito de encontrar un camino muy personalizado hacia la felicidad.

Reúnete con tu equipo y pregúntense cómo se sienten en cada una de las siguientes áreas y después hagan un planteamiento de las acciones que van a seguir para tener un balance de vida:

- recreacional,
- social,
- espiritual,
- intelectual,
- física,
- salud.

Ahora veamos el método CRECE para este grupo de personas que laboran de manera formal.

Crea una visión y cree en ti (largo plazo-5 años)

Ahora bien, para el caso de un negocio multipersonal formal vamos a considerar como base la siguiente visión:

- Contar con al menos un nuevo punto de venta, usando el mismo sistema con el que se cuenta en estos momentos en los siguientes cinco años y pagar impuestos de manera formal.

Antes de entrar directo al tema, usaré un ejemplo real de una de mis comidas preferidas que venden muy cerca del departamento en el que vivo con mi familia en la Ciudad de México. Hay un puesto que todos los días se instala no sin antes limpiar los pisos con agua y jabón. Después de eso, colocan una mesa, el sistema de gas y una plancha enorme para hacer los alimentos y calentarlos. Se trata un puesto de quesadillas, las cuales considero unas de las mejores que he probado. Hay una en especial que es la quesadilla de chicharrón prensado con queso, es exquisita. Este puesto se pone de lunes a viernes, de las 9:00 a.m. hasta las 2:00-3:00 p. m.; no los he visto más tarde, por lo que su modelo de negocio se puede aproximadamente de esta forma:

Tabla 2

Rubro	Valor
Transacciones diarias (clientes)	$85
Ticket promedio	$40
Venta promedio diaria	$3,400
Venta mensual promedio Costo de ventas	$68,000
Margen bruto	$34,000 / 50%
Gastos de operación	$24,800
Utilidad neta	$9,200
(%)	9,5 %

Por lo que el negocio que está cerca de mi casa y que vende de manera informal más de veintidós mil quesadillas al año, teniendo una venta aproximadamente de ochocientos dieciséis mil pesos en el mismo año.

Si la visión que se ha definido es contar con un segundo punto de venta o puesto de similares condiciones con el mismo modelo de venta y de productos en cinco años, el reto del primer año puede ser el siguiente:

RETO PARA IR EN LA DIRECCIÓN CORRECTA A LA VELOCIDAD NECESARIA (TENDENCIA; MEDIANO PLAZO-1 AÑO/12 MESES; SIGUIENTE AÑO)

En los siguientes 12 meses:

- Considerar un ahorro del 2 % de la utilidad neta, es decir, cada mes tomar la cantidad de un mil seiscientos ochenta y tres pesos y meterlos en una cuenta separada. Durante los siguientes doce meses, ese debe ser el objetivo de ahorro.

- En el ínter, se deberá buscar un lugar con similares condiciones que el punto de venta actual, de preferencia que quede cercano al punto inicial para que se pueda tener una mejor logística de operación entre los dos negocios.

- Considerar la obtención del permiso de la delegación, como lo hace actualmente con el puesto que tienen

- Dado que es un negocio familiar que se mantiene con cuatro operadores (un cocinero, dos ayudantes y una señora que hace las tortillas), considerar preparar a uno de los dos ayudantes para que sea el nuevo cocinero del nuevo punto de venta, es decir, entrenarlo para que pueda cocinar las quesadillas como lo hace el del puesto inicial.

- El dueño tendrá la oportunidad de contratar, informalmente, a dos nuevos colaboradores para ayudar al nuevo puesto con tres posiciones. De esta forma se optimiza el puesto actual, ya que se reduce su estructura operativa de cuatro personas a tres y el nuevo lugar tendrá las mismas posiciones.

- Considerando que el nuevo puesto requiere de una inversión inicial de veinte mil doscientos pesos, aproximadamente, donde se incluyen todos los accesorios estructurales del puesto más la instrumentación para cocinar, el dueño podrá usar el ahorro generado por doce meses (mil seiscientos ochenta y tres pesos) para poder hacer esta inversión en el doceavo mes y así poder comenzar la operación en el primer mes del siguiente año.

- Lo más importante de este primer año de crecimiento es lograr la instalación del segundo puesto en una ubicación que asegure el mismo número de clientes y ventas, considerando que todo negocio nace poco a poco y no llega al mismo número de transacciones que el puesto actual.

Enfoca tus esfuerzos en los puntos rojos (corto plazo-todos los días)

Este modelo de ahorro se podrá repetir en el tercer año, pero haciendo los ajustes correspondientes en términos de ahorro, inversión, capacitación, administración del negocio y de los recursos humanos. Sin embargo, una de las actividades más importantes dentro del negocio es conseguir a un contador para que les ayude a ir creando las bases de la formalización pagando un impuesto —al menos el más bajo para estos niveles de venta— y poder ir aprendiendo del cumplimiento del modelo, sus procesos y, sobre todo, de los beneficios que se tienen para seguir creciendo, no solo con otro u otros negocios sino también para que los bancos y la consolidación del negocio se logre cumpliendo con lo que pide el gobierno.

Lo más importante de tener claras las acciones, dado que ya se tiene un plan estimado en esta fase, es encontrar y definir los puntos rojos, es decir, cuáles son aquellas actividades o acciones que si no las hacemos o cumplimos no avanzamos, todo el plan se puede fracturar. Una vez definidos, revisarlos todos los días para incrementar la posibilidad de llegar al doceavo mes con el cumplimento de todo lo planeado.

CHECK UP, ¿ESTAMOS PREPARADOS PARA DAR EL PRIMER PASO?

La pregunta en esta fase siempre debe ser: ¿contamos con todo lo necesario para cumplir con las actividades y objetivos para esos primeros doce meses, dado que ya se tiene un plan estimado en esta fase?

Como lo planteé en la sección anterior, cuando llegamos a esta fase nos encontramos con que no avanzamos porque no tenemos los recursos pero no hacemos nada para generarlos. En esta parte, el plan de ahorro debe ser parte de las actividades que se deben considerar y preguntarse si el que nos planteamos, que se estimó para el primer año, incluye todos los recursos necesarios, desde los materiales, humanos y financieros.

Esta debe ser la forma en que debemos revisar y asegurarnos de que todo está considerado de una manera muy detallada para, de inmediato regenerar, ajustar o corregir cualquier desviación en el proceso. Esta es la parte esencial de esta fase.

ENCUENTRA LA FELICIDAD EN EL CAMINO

No pretendo ser muy repetitivo, lo único que me gustaría es que todos los lectores puedan encontrar y considerar en sus planes las acciones, actividades o elementos de apoyo para encontrar la felicidad, que va desde ir llenándose de buenas vibras, de prepararse viendo videos en internet, revisando nuevos conceptos que se puedan incluir a lo nuevo que viene y tratar de tener elementos personales, como los descritos en el capítulo CRECE, en donde puedan crear sus propio amuletos o descubrir las cinco áreas expuestas, en las cuales deben poner su energía para encontrar un balance de vida y eso les permita estar en un ambiente positivo que, sin darse cuenta, les permitirá ser felices al hacerlas.

Quinto capítulo

Historias de una empresa desarrolladora de software; de Green People, mi negocio y el negocio de una franquicia de una gran empresa

El modelo CRECE aplicado al grupo empresarial: micro, pequeñas, medianas y grandes empresas

Storytime

Estoy listo para compartir con ustedes algunas historias de empresas en sus diferentes niveles, para que puedan no solo conocer la trayectoria de cada una de ellas sino también entender mejor cómo enfocar sus esfuerzos, si logran identificar en alguna de ellas algo que se asemeje a lo que estás viviendo en este momento. Vamos a ver historias de micro, pequeñas, medianas y grandes empresas

Una de las historias que les quiero contar se trata de una empresa que ha existido aquí en México por más de treinta años. La visión que tuvo desde sus inicios fue la de ser una de las primeras en el mercado y, sin duda, lo logró.

Es una empresa totalmente diferente a muchas que desarrollaban sistemas similares al principio de su historia. Lo mejor de todo es que cuando yo la conocí, se dedicaba al desarrollo de *software*. Cuando uno piensa en el desarrollo de *software*, inmediatamente piensas que son empresas construidas por genios, por gente muy avanzada para poder programar, para poder diseñar, para poder establecer un sistema que soluciona alguna necesidad del mercado.

Su oferta de valor era una solución (*software*) que ayudaba a los arquitectos y directores constructores a llevar el control de sus obras, en función de proyectos, tiempos, costos y hasta proveedores. Pero tenían una estrategia muy acertada, la cual trataba de abrirse a un mercado enorme al tener una solución que estaba relacionada con la construcción. Muchos dirían que era una locura porque, al final del día, dependía de un mercado de desarrollo inmobiliario y eso tiene su complejidad.

Recuerdo a la perfección que ellos empacaban sus productos y armaban paquetes, es decir, tenían un pequeño espacio para fabricar el producto físico que, al final, terminaba siendo un disco compacto, el cual los usuarios podían revisar y encontrarle valor.

En mi caso, yo no entendía a quién le podría interesar un software de construcción pero, en realidad, era muy exitoso el sistema. Una de las claves del éxito, desde mi punto de vista, es que tenían un equipo de personas que salían a la calle a validar y dar de alta en un sistema todas las obras en construcción que se fueran encontrando a su paso, las registraban y con esa información abrían la posibilidad de otorgarle mayor valor a sus clientes. Ya que no solo le estaban dando una solución a su proceso de planeación y control de la obra sino que también convertían esta información en bases de datos de primera mano para que muchos proveedores se enfocaran a ofrecer sus servicios.

¡Imagínense la cantidad de empresas que estaban interesadas en tener esa información de obras y personas que tomaban una decisión de compra para sus proyectos! ¡Imagínense la cantidad de cosas y materiales que se pueden vender para hacer un edificio, casas, plazas, puentes, etc.! Es más, hagamos una revisión rápida y pensemos en la parte física: el tabique, la estructura de metal, estructuras sólidas (paredes), focos, cables, madera, cemento, pintura... Cientos de proveedores ya no tenían que estar buscando a sus clientes, porque era parte de la oferta de valor del *software* era eso: la base de datos, con un alto valor comercial.

Era la empresa del papá de un gran un amigo, quien en conjunto con uno de sus socios empezaron a desarrollar este producto y a crecer mucho en poco tiempo. Honestamente no sé si ellos tenían claro que iban a llegar tan lejos, pero cada día vendían más.

Recientemente busqué esta empresa en Google y todavía existe. Me dio mucho gusto saber que aún sigue rindiendo frutos, sumando nuevos conceptos de planeación, diseño, entre otros.

Para los que somos empresarios, gente que ama los negocios, no hay nada más satisfactorio que el ver un nacer una empresa, una idea que, poco a poco, se va transformando hasta llegar a ser la número uno, verla crecer y aumentar su oferta de valor. Subsistir como empresa no es nada sencillo y, menos aún, cuando no nos preparamos para entender que en algún momento los fundadores, los dueños y los que dimos vida a nuestras empresas vamos a dejar de estar al frente; debemos ir colocando a las personas adecuadas para que sigan dando vida a lo que construimos hace mucho tiempo con mucha energía y pasión.

No es nada sencillo lograr establecer una empresa y que esta sea desde el principio rentable, productiva, sana y que logre integrar a la propia familia de una manera inteligente. Yo creo que esto debería de ser a través de un gobierno corporativo que les ayude a estructurar las bases para la toma de decisiones, sobre todo porque cuando no existe esta figura en muchas empresas, la toma de decisiones empieza a depender de una sola persona que, si se equivoca, puede poner en riesgo toda la organización, no solo por tomar decisiones unipersonales sino que el futuro se vuelve todavía más riesgoso.

Y es aquí donde se debe tener siempre la «siguiente jugada para el futuro». Todas las empresas, sin importar su tamaño, deberían tener un proceso de sucesión para cuando llegue la hora de seguir adelante y darle paso a los jóvenes preparados, sigan adelante con nuestros sueños. A veces queremos que sean nuestros hijos, por un tema de cariño y amor a lo que uno construye, pero debemos ser muy respetuosos con ellos, ya que si no les llama la atención o no les gusta nuestro negocio, debemos prepararlos para que tomen el camino que seleccionaron y no necesariamente que sean parte de nuestras empresas.

Para eso sirve el gobierno corporativo, para que haya un nuevo director general y que este tenga la misión de seguir construyendo y haciendo CRECER nuestros negocios, independientemente de nuestra familia.

De esta gran empresa lo que más aprendí fue el hecho de haberse metido en un nicho con un nivel de especialidad muy específica pero, sobre todo, el haber explotado al máximo la capacidad de la oferta de valor que tenía a pesar de ser muy especializada.

Ese es el mayor valor de la diferenciación, la cual debe estar siempre en todos los negocios ya que es una parte fundamental para poder no solo distinguirse por algo que solo ellas pueden ofrecer, sino también para despegarse de cualquier competencia. En este caso en específico, yo recuerdo que había una competencia en particular, pero tal vez la gran diferenciación que impulsaba el *software* es la que la llevó a mantenerse en la historia.

Después entendí la necesidad de seguir teniendo en las empresas equipos dedicados a innovar. De esa manera, siempre estarán vigentes porque van entendiendo lo que sus mercados están necesitando y van ajustando sus modelos de negocio, de comercialización, de distribución y de todo lo que sea de gran valor para sus mercados. En este ejemplo, quisiera destacar que la actualización de un negocio siempre se veía de manera tangible, ya que había un lanzamiento cada que vez salía una nueva versión, es decir, la tecnología nos hace tener la posibilidad de estar mejorando todos los días con nuevas ideas y nuevas formas de hacer las cosas.

Todas las organizaciones —más las que ya están consolidadas— deben, desde mi punto de vista, contar con dos grandes equipos: el primero, es el que hace que las cosas sucedan, cuida lo que se ha construido hasta el momento y establece los caminos para seguir creciendo; y el segundo equipo, debería estar enfocado a innovar y probar nuevas ideas de comercialización, de ventas, de mercadotecnia, de promoción, etc. Es decir, estar pensando en todo momento en hacer algo diferente a lo tradicional, que escuche al mercado y vaya transformando la forma en que se hacen los negocios.

Es un equipo que debe pensar fuera de la caja y atreverse a hacer cosas nuevas; que sea ágil y que incorpore rápidamente sus ideas, las pruebe, las mida y si no dan resultados pues, simplemente, que las desheche o las ajuste. Esa área puede estar construyendo, quizás, el nuevo camino hacia el éxito, el nuevo negocio dentro del propio.

A este tipo de equipos, yo le llamo el equipo disruptivo de los negocios. Les recomiendo a todas las organizaciones, sobre todo las que tienen la capacidad financiera para hacerlo, que tengan siempre ese tipo de grupos.

Hasta aquí la historia de esta gran empresa, la cual estoy seguro que hubiera tenido éxito más rápido si hubiese usado el modelo CRECE o, tal vez, los habría dotado de pasos sencillos para alcanzar muchos logros en menos tiempo. Sin embargo, quiero ser muy honesto: estoy seguro que ellos usaron cualquier otra metodología la cual resultó ser un éxito o, como a veces sucede, sencillamente es como lo definió y planeó su líder, quien fue encontrando la conexión entre su mercado y su oferta de valor.

Para este caso, puedo confirmar que el líder de esa organización hizo lo que a muchos mexicanos nos gustaría hacer: construyó una empresa exitosa, aun sin mi modelo CRECE, por lo que espero algún día tener la oportunidad de sentarme con ese gran líder para aprender de él y que, además, es papá de mi gran amigo Héctor.

La increíble historia de *Green People*, mi empresa

Transcurría el año 2009, cuando me llamaron del sexto piso del edificio corporativo en donde yo trabajaba. Yo juraba que ese día me estaban llamando para darme una mejor posición en la cual yo podía desempeñarme.

El sexto piso era un lugar donde se encontraban unas salas increíbles y trabajaban los diferentes directores de la empresa. Allí también estaba la enorme sala de la dirección general, con sus impresionantes muebles de piel y sus increíbles escritorios de madera; además, era la sala en donde se reunía el consejo, ya saben, un lugar donde solo los principales líderes de la organización se reunían y fue por ello que pensé que era un gran día para mí. Mi cabeza pensaba: no te invitan a subir al sexto piso solo para tomar café.

Resulta que fue todo lo contrario. Para mi sorpresa la única explicación que me dieron es que habían demasiados jefes, demasiados generales y pocos soldados. Entonces, la disyuntiva era que sobraba mi jefe o yo. Y, ¿qué más puedo explicar? Mi jefe tomó la opción de que yo era el mejor candidato.

Fue una tarde extraña, ya que al salir del sexto piso pasaban miles de emociones por mi mente pero la principal era la negación. Pensaba que, tal vez, se habían equivocado de nombre. ¡Ja, ja, ja! Quizás había otra persona con mi nombre y en mi misma área pero, claramente, eso no era así. Después vino la aceptación rápida de la realidad y, dado que era yo muy joven, empecé a mentalizarme que tal vez me habían hecho un favor porque al final del día me estaban liquidando y, de un momento a otro, tenía mucho dinero para seguir adelante. Cuando digo mucho, lo digo porque para mí recibir una liquidación a mi edad era una gran oportunidad. Hoy, analizándolo a lo lejos, veo que en realidad no era suficiente y menos cuando no sabes qué vas a hacer y mientras lo piensas se va agotando el «gran dinero» que me dieron y se va reduciendo la emoción.

Llegué a casa. Mi esposa y yo vivíamos en un lugar hermoso, todavía no llegaban nuestras hijas. Antes de continuar me quiero tomar el tiempo para describir la casa, porque estoy seguro que a muchos lectores les va a llegar al corazón.

Era una casa hermosa ubicada en una de las principales y más conocidas avenidas en la Ciudad de México, la cual lleva por nombre Bucareli. Esta calle es una de las más emblemáticas porque está una de las secretarías más importantes del Estado, es decir, la Secretaría de Gobernación.

No voy a mentir, era una calle muy segura porque estaba llena de policías para proteger esta oficina de gobierno y nosotros vivíamos en un edificio muy cercano que hoy debe tener más de 110 años.

Yo pienso que fue, en su momento, uno de los desarrollos más importantes de la ciudad, ya que era donde vivían los directivos de una empresa, al parecer una tabacalera o algo similar. El edificio era precioso, con un diseño increíble.

Lo que más recuerdo era que tenía techo altos con dibujos y pisos de madera, y seis espacios de diferente tamaño, entre recámaras, cocina, comedor y hasta uno especial para leer que, al parecer, las abuelitas usaban para tejer y tomar té en las tardes. Además, tenía una escalera hermosa y dos grandes sótanos.

Era, en verdad, un lugar impresionantemente hermoso. Había espacios hasta para poner flores que lucieran al entrar a nuestro lindo hogar. Recuerdo que en la escalera pusimos una bella alfombra que tenía tubos de latón en cada escalón, deslumbrando a cualquier persona que entraba a nuestra casa. Por supuesto, tenía imponentes puertas y ventanas de madera, a través de las cuales podías ver desde adentro y por la parte exterior.

Afuera había arboles grandes y un pasillo hermoso donde seguían las otras casas de nuestros vecinos, quienes eran una gran incógnita. Se decía que ahí habían vivido personajes como Pedro Infante o Pita Amor, por lo que había una mística muy especial en ese increíble lugar. En fin, se respiraba historia, podías pasar horas viendo el techo y estar pensando en quién habría vivido ahí antes que nosotros y por cuánto tiempo. Nos provocaba mucha reflexión, era como si entráramos a una dimensión desconocida, del pasado, en donde todo era en blanco y negro.

Bueno, regresando a la historia, el primer gran error que cometemos los «Godínez» cuando nos separan de las compañías y nos dan un cheque enorme es que pensamos en irnos de vacaciones. Se puede considerar un grave error pero la realidad es que, por otro lado, puede no serlo, porque puedo confirmar que fueron una de las vacaciones más hermosas que tenido con mi esposa. Así que pensar que fue un error, tal vez no sea tan cierto.

Es más, yo considero que fue un gran acierto, sobre todo por la experiencia y la vivencia, esa que nadie me quita. Si me enlazo a la última letra del modelo CRECE (que en ese momento no existía) fue un gran camino para encontrar la felicidad.

Recuerdo que fue un viaje de primera porque nos fuimos a San Cristóbal de las Casas, en el estado de Chiapas, donde vivía mi hermano mayor y la verdad es que es un lugar hermoso, a cualquiera le gustaría vivir allí.

Mi hermano, lo recuerdo, después de haber disfrutado unos días en familia nos ofreció un paquete que tenía y no iba a usar: era para Cancún y estaba a punto de terminar su vigencia. En fin, no recuerdo bien cómo fue la negociación pero, según recuerdo, nos lo regaló y qué más podíamos hacer que no fuera subirnos al avión y salir a este increíble destino.

Antes de irnos a disfrutar a Cancún, creo que estuvimos como tres o cuatro semanas en San Cristóbal, felices, desayunando y comiendo en lugares increíbles, como la Casa del Pan; yendo a las cascadas, a las lagunas… Todo lo que estábamos haciendo en ese momento lo disfrutábamos al máximo.

Los viajes a Chiapas, a Estados Unidos en auto y en un crucero, han sido algunos de los más hermosos que hemos vivido juntos, sobre todo por el tiempo que estuvimos fuera de casa y también por lo que significó y lo significa el haber estado al 100 % con ella: mi hermosa esposa.

Después de haber tenido estas maravillosas experiencias, nos regresamos a Ciudad de México y recuerdo perfectamente que el primer lunes después de las vacaciones, me puse a reflexionar y fue un momento muy importante en mi vida porque era clave en la decisión de lo que seguía para mí en el futuro, donde yo podía tomar cualquier camino, considerando que no había límite alguno.

Era una moneda al aire, porque podías tomar la mejor o la peor decisión de tu vida. Sin embargo, pienso también que la decisión que tomara podía llevarnos a un nuevo y desconocido camino que, tal vez, más adelante, podría volver a cambiar en el futuro. En fin, la vida está hecha de caminos insospechables y, a veces, solo tienes que dejarte llevar por lo que en ese momento sientes que es la mejor opción.

Recuerdo que tapicé por completo una de las paredes de la hermosa casa que les describí anteriormente, pegué una serie de *post-it* de colores con todas las posibilidades que podíamos tener mi esposa y yo. Entre ellas, me vienen a la mente algunas, como la idea de poner un restaurante, la de montar un negocio, la de ir a estudiar una maestría en Francia o ir a vivir en país diferente a México.

En fin, había muchos *post-it* con ideas de todo tipo, creo que habían unas treinta o cincuenta opciones que, para una persona común y corriente, en realidad son demasiadas.

Imagínense esta escena: sentarse frente a una pared llena de ideas para rehacer tu propia vida y luego empezar a pensar en el famoso «propósito» de la misma, el cual debe estar ligado a lo que te apasiona, en lo que eres bueno y con lo que puedas generar ingresos. Era un análisis muy complicado que tuve que hacer.

Además, en este caso, debes considerar que éramos dos y que la decisión podría impactar en el otro, lo que lo hace aún más complicado. ¿Cuántas veces en tu vida puedes hacer este ejercicio? Tal vez unas cuatro o cinco veces, iniciando cuando debes responder a la pregunta de ¿qué quiero estudiar?, para continuar con ¿qué quiero hacer de mi vida?

En fin, lo que hice fue dejar los *post-it* e irme a dormir. Al siguiente día, volví a sentarme nuevamente frente a aquella pared y hacer lo mismo. No quería tomar una decisión tan importante así sin darme el tiempo para pensarlo bien, aunque ya empezaba a notar que varios *post-it* no me llenaban y fue entonces cuando empecé a quitar algunos. Quizás parecían ser «buenas ideas» que sí me gustaría hacer pero que, tal vez, no me gustaría hacerlas para siempre.

Las ideas que se iban quedando parecían que tenían que ver con volverme independiente a una organización, es decir, no me emocionaba mucho la idea de regresar a trabajar para una empresa. Inclusive, en algún momento de mi vida me dije a mi mismo que «jamás regresaría a trabajar para nadie», casi me lo prometí a mí mismo. Me daba vueltas en la cabeza la idea de no dar mi tiempo, mi esfuerzo y mi dedicación a otra empresa o a otra persona, ese tiempo lo iba a dedicar a mí y a mi desarrollo.

Fue entonces cuando tomé uno de los *post-it* que marcó mi vida para siempre, porque fue el que decía: «Ser empresario». Mi emoción se fue al cielo, me veía en revistas y en aviones privados, como si el hecho de decidir ser alguien o tener algo fuera tan simple. Era la opción que me hacía temblar, que me emocionaba y que explotaba en mi cabeza: volverme un empresario independiente que pudiera crear algo, que pudiera tener una oferta de valor diferenciada para algún mercado. ¿Cuál sería esa oferta de valor? Eso no importaba, lo importante era darle rienda suelta a mi emoción de volverme un gran empresario.

Para poder iniciar mi proceso como empresario, lo primero que hice fue tratar de generar ingresos para lo que iba a ser mi empresa. Así fue como me uní a un equipo de ingenieros, amigos míos, Ricardo y Jorge, con la idea de construir calentadores solares de agua para bañarse. Me encantó la idea de ayudarles, de tal forma que podía ingresar y, a la vez, prepararme para lanzar mi propio proyecto.

Yo no sabía si debía fabricar, comercializar o exactamente qué tenía que hacer, pero de lo que sí estaba claro era que debería estar alineado al cuidado del medio ambiente.

Nos dimos a la tarea de diseñar muchas cosas, entre ellas recuerdo perfectamente una, la cual llamábamos regadera autorreguladora de agua caliente, algo demasiado sofisticado para vender, pero para nosotros era una gran idea. Se trataba de un depósito que se colocaba debajo de las regaderas, cuyo conducto era regulado por una válvula que se abría y cerraba, según el nivel de temperatura, por lo que uno abría la llave de su regadera y no salía nada, hasta que el agua caliente era detectada por este sensor y permitía la salida de la misma. Con este sistema se podía ahorrar de 15 a 20 litros de agua en el baño de cada persona que vivía en un hogar. Era una locura increíble que hicimos realidad, pero era muy complicado de comercializar porque estaba en función de la estructura de cada baño.

Lo más valioso de haber trabajado con estos ingenieros era que podían hacer realidad las ocurrencias que íbamos generando, todas enfocadas al cuidado del medio ambiente.

Aunque ellos tenían sus clientes y su enfoque hacia la automatización, yo era el que tenía que buscar nuevas opciones de negocio.

Continuando con la idea original (la de fabricar calentadores solares), nos dimos a la tarea de empezar con prototipos. Eso era lo que me encantaba de trabajar con ellos, todo era posible, eran ingenieros capaces de hacer lo que les venía a la mente, por lo que fabricar esos calentadores también se hizo realidad. Sin embargo, aquí vino un primer gran aprendizaje para mí, ya que empecé a hacer un análisis y nos dimos cuenta de algo que siempre habíamos escuchado pero a lo que nunca quisimos hacerle caso: era muy probable que hubieran productos similares en el mercado, importados de China, que no solo eran más baratos sino más eficientes y eso fue lo que sucedió.

Para no dejar de pensar en el negocio, contacté a uno de esos grandes importadores y nos unimos a él. Empezamos a ser su distribuidor de calentadores, los cuales eran de tubos al vacío —una tecnología increíble de vidrio— que incrementaba la temperatura al máximo y en su depósito lograban mantener esos niveles todo el tiempo, por lo que eran una gran opción para un mercado que empezaba a crecer.

El primer paso para consolidar el negocio, era encontrar una forma de comercializarlos de manera masiva para mejorar el margen y el volumen de ventas, lo cual suena muy sencillo pero fue un verdadero parto. Fue cuando se me ocurrió ir a presentar el producto a una de las empresas más emblemáticas de México y Estados Unidos, aunque mi idea era estar presentes solo en México y no en todas las tiendas, ya que era demasiado para nosotros, no teníamos esa capacidad de estar en todos los estados donde ellos tenían presencia.

Se trataba de *Sears*, tienda que cuenta con un espacio especial para mejoras para el hogar y lo mejor es que logré convencer al comprador, de permitirme poner un equipo pequeño en algunas tiendas, capacitar a los equipos de vendedores de ese departamento y empezamos a vender. Ellos promovían nuestra solución, nos enviaban a los clientes interesados y nosotros íbamos a los hogares, hacíamos un levantamiento y le instalábamos el calentador solar, cuya capacidad era suficiente para que las personas que vivían en ese hogar se pudieran bañar con agua caliente.

En realidad era un negocio que en México iba naciendo y que muy pocos conocían. Ya teníamos una primer fuente de ingresos, la cual iba lenta pero ya estábamos en una tienda importante y teníamos la capacidad de cumplir con nuestra oferta de valor.

Una de esas tardes de cantina que tuve con un grupo especial, con grandes amigos como Héctor y José Antonio, les comenté lo que estaba haciendo y mi idea de ser empresario. Uno de ellos, el cual regresaba de Europa, me platicó que en esa parte del mundo estaban de moda las bolsas reusables y que si yo andaba en ese tema del cuidado del medio ambiente podría ser una buena opción para desarrollarla. Sonreí y me dije a mí mismo: ¡Qué gran idea! Debería hacer lo mismo que están haciendo en Europa y si soy el primero en México, tal vez pegue dos veces.

Uno de los posibles errores que cometemos es pensar como ese conocido refrán: «El que mucho abarca, poco aprieta». Siempre que lo escucho, no reparo en decir que no estoy de acuerdo. Creo más en un ajuste al propio dicho, «el que poco aprieta, deja de saber cuál es su capacidad de abarcar». La mayoría de mis amigos o conocidos podrán decir que ese era mi gran error de vida, mi dispersión de ideas, mi capacidad de llenarme de ellas, pero estoy seguro que muchos de ellos también reconocen que no me quedo con ninguna, siempre llego al menos hasta el prototipo y eso para mí es muy pero muy satisfactorio, porque estoy seguro que no me voy a quedar con las ganas de hacer algo en mi vida.

En ese momento, decidí que iba a diseñar unas nuevas bolsas y, en paralelo, seguiría con lo que para mí en ese entonces era una división que denominé como *Green Construction*. Mi idea era abrir la capacidad de convertir una casa normal en una lo más ecológica posible, pasando por ahorro de agua, luz, gasolina, consumibles y tener un manejo correcto de desperdicios en los hogares. Si un cliente nos abría las puertas de su casa para hacer un levantamiento para su calentador solar, podíamos también empezar a levantar las necesidades de cambio de baños, de focos o iluminación, de pantallas ahorradoras, etc., después regresar con *Sears* para colocar *stickers* especiales e impulsar una nueva cultura de productos y servicios «verdes» en esas tiendas.

Esa iba a ser la división *Green Construction* que estaba en proceso de ampliar su capacidad de productos y servicios verdes para cada habitación y, a la par, había decidido darle vida a un nueva división, la cual denominé *Green Bag*, ya que iba a crear esas famosas bolsas que me había platicado mi amigo que regresaba de Europa.

Estoy seguro de que a muchos emprendedores les pasa lo que me pasó, pues estamos tan deseosos de que nos vaya bien y tan dispuestos a dar la batalla que muchas veces dispersamos nuestros esfuerzos en muchas opciones, esperando que alguna de ellas logre darnos la fortaleza y la confianza que requerimos para saber que vamos por el camino correcto.

Este fue el caso de mis primeras bolsas, sin dejar de impulsar el negocio de los calentadores solares, en donde ya había una persona enfocada en resolver la parte de instalación y la parte técnica, por lo que pude entonces iniciar mi nueva idea de negocio, la cual también estaba relacionada con el cuidado del medio ambiente. Sentía que no estaba dejando de lado este primer propósito que se volvió tan importante en mi vida y lo sigue siendo.

Fue entonces cuando me puse a pensar nuevamente en lo importante de la «diferenciación» y, más aún, cuando se trata de una simple bolsa, ¿qué puedes hacer de diferente? Bueno, al ir al súper normalmente compras diferentes productos, los cuales son colocados en la bolsa y listo. Pero yo me puse a pensar en la idea de crear ciertos compartimientos especiales dentro de las bolsas para cierto tipos de productos, por ejemplo, un espacio especial para los vinos para que se trasladaran parados y tuvieran menos probabilidad de voltearse.

También empecé a retar mi concepto, para que en cuatro bolsas se pudieran meter todos los productos que normalmente compramos en una tienda de autoservicio. De igual manera, pensé en la posibilidad de que fueran dos para que pudieran cargarse en el hombro y las otras dos en las manos, por lo que un padre de familia pudiera cargar todas las compras sin ningún problema.

Y así quedaron, un kit diferenciado para cargar todas las compras de una familia a la semana. Sin embargo, en ese entonces yo solo pensé en el reúso de la bolsa para dejar de usar tantas que utilizábamos durante un año, pero al final mi bolsa era de plástico, obviamente de uno más duro para que aguantara muchas veces la carga, pero al final de su vida útil terminaba siendo el mismo problema que las bolsas de plástico contra las que estaba combatiendo.

Pero eso no me detuvo. Otro gran amigo, Manolo, me dijo que conocía a un director de una de las tiendas de autoservicio más grandes de México, en ese entonces se llamaba Comercial

Mexicana. Comencé a buscarlo todos los días, se empezó a volver una pesadilla porque nunca me lo pasaban, no me dejaban hablar con él y, honestamente, llegó el momento en el que tomé la decisión de hacer una última llamada. Si lograba al menos un avance seguiría, sino iba a dar por cancelada la idea. Fue entonces cuando, por fin, me tomó la llamada y sin más ni más me pidió que hablara con otro director de compras ya que era él quien debía conocer mis bolsas.

Ya era un gran avance. Volví a empezar a tratar de hablar con este otro director y aquí cambié un poco el contexto de mi llamada, pues ahora podía decir que hablaba de parte del jefe de esa persona, eso abriría las puertas de una forma más sencilla. El director aceptó que le presentara mi idea, le gustó, pero me pidió que le hiciéramos unos cambios, que el material de las bolsas fuera algo menos dañino para el planeta.

Regresé y me puse a pensar en las opciones que tenía. Encontré una tela 100 % de algodón y otra de yute, un material mucho más amigable, el cual era compostable, por lo que había un motivo mayor para poder impulsarlo como un producto ecoamigable. Al presentarlo, les encantó ya que pusimos frases que definimos con ellos mismos, bajo un paraguas mucho más ambicioso denominado «Viva la tierra», sin tener ninguna forma de convertir estas bolsas en una realidad porque yo siempre he sido bueno para vender y no para operar o producir.

Recuerdo perfectamente el día en que comencé a bajar las escaleras de las oficinas centrales del autoservicio y llevaba en mis manos un pedido inicial por setenta mil bolsas, la mitad de yute y la mitad de algodón. ¿Pueden ustedes imaginarse ganar un pedido de este tamaño y no saber cómo lo ibas a producir?

En fin, logré contactar a un amigo que tenía una empresa que coordinaba a señoras para que le confeccionaran productos de tela y fue como logré resolver el primer pedido, el cual, después, se convirtió en un segundo y así, sucesivamente, hasta el día de hoy. Aunque este autoservicio se separó de nosotros, logramos ampliar nuestra gama de productos y a la fecha, abril del 2023, todavía les seguimos vendiendo bolsas, ahora ya sin mi participación, y ha sido una gran experiencia.

Uno de los mayores aprendizajes que he tenido en mi vida es que lo importante no es tener un gran producto o una gran distribución, lo importante es que tus clientes lo compren. Parece una tontería lo que estoy diciendo, pero muchos emprendedores y muchas empresas grandes se quedan enfocados en el *sell in*, es decir, en lo que uno coloca con su distribuidor, y no en el *sell out*, que es la verdadera compra del producto.

En mi caso, por mucho tiempo me enfoqué en meter producto, sin importarme si salía o no de la tienda, es decir, si se vendía. A este proceso se le llama *sell out*, a mí esa parte no me importaba porque, además, yo facturaba lo que entregaba, no lo que se vendía, lo cual me dejaba ciego de mi propia operación. Fue tal vez dos o tres años después que uno de mis más grandes y entrañables amigos, Pablo, me dijo que estaba equivocado en la forma en que veía mi negocio.

Pablo se volvió unos años después, luego del incidente que tuvimos y por el cual yo tuve que dejar la empresa, quien tomó la dirección de la misma. Cuando él se enfocó en el *sell out*, crecimos un 60 % en un mes y la lógica era muy sencilla: yo solo veía lo que me compraban y él veía lo que las tiendas vendían. Encontró varias tiendas que ni siquiera tenían exhibidas las bolsas, por lo que estábamos dejando de vender por no exhibir. Al corregir ese problema, el *sell in* se incrementó, gracias a que el *sell out* se corrigió y fue una de las mayores enseñanzas en mi vida profesional.

Ya tenía dos unidades de negocio: la parte de los calentadores solares, la cual ampliamos para hacer conversiones de casas tradicionales a casas lo más ecológicas posibles; y el negocio de las bolsas. Ambos casos, eran soluciones a problemas de contaminación, generación de residuos y uso de energías limpias, por lo que empecé a pensar en un nombre comercial que pudiera ser un paraguas para seguir ampliando las posibilidades de ayudar al planeta.

Fue así cómo nació *Green People*, mi increíble primera empresa y ya con dos unidades de negocio, que pude renombrar para llamarlas: *Green Construction* y *Green Bag*, considerando que, en algún momento, estaría vendiendo en alguna otra parte del mundo y por ello los nombres. Registré el nombre de *Green People* y ahora soy dueño del título de propiedad de este increíble nombre que puede ser explotado al máximo.

Green People es una gran marca y creo que en algún momento va a ser una de las marcas más importantes del mundo porque su nombre lo dice todo: refleja el espíritu, una forma de pensar y de actuar; identifica a la gente buena, bondadosa que ayuda a otros y que, además, se preocupa por tener un estilo de vida verde de manera permanente y que está a favor de los animales; que busca un equilibrio en todo lo que hace, en su relación con la naturaleza, en la forma en que come, en que consume, en que puede cuidar todos los aspectos de su vida; tiene que ver con esa con esta gente buena, con esa gente que creo que le hace mucha falta a México y al mundo.

Green People es una gran marca que en un futuro cercano podremos impulsar o, inclusive, vender, porque es una marca que te dice todo, que se puede explotar de manera increíble.

En ese momento, ya empezábamos a facturar y a tener un balance con dos unidades de negocio funcionando, además de clientes de un nivel muy adecuado como lo eran Sears, del grupo Carso, y Comercial Mexicana.

Pero seguía inquieto por querer hacer algo más por el planeta, por lo que empecé a diseñar charlas para darlas en escuelas, universidades y empresas para tratar de impulsar la cultura del cuidado del medio ambiente y dar a conocer los servicios y productos que estábamos ofreciendo en *Green People*. Así que diseñé una conferencia denominada Mitos y realidades del cambio climático, otra denominada Depende de ti, y una más con un nombre corto pero bastante atractivo llamada El agua.

Empecé a buscar escuelas para impartir estas conferencias y también lo logré. De manera honesta les digo que siento que esta parte de mi vida es parte de mi propósito en ella, pues hablar en público me fascina, me reta a prepararme para buscar la autorreflexión y provocar el cambio en las personas.

Me encanta poder compartir ideas acerca de cómo podemos ayudar y no dejar en manos del gobierno o de «los otros» una responsabilidad que es nuestra. Esta parte de mi vida siempre ha sido una de las mejores, de las que más he disfrutado.

Llegamos a diseñar e implementar ecotalleres para colegios, en donde, a través de juegos, enseñábamos a los niños de primaria y secundaria a separar los residuos y a impulsar una cultura más alineada al cuidado del medio ambiente en todo lo que hacemos. Así nació oficialmente *Green Education*, por lo que ya contábamos con una nueva unidad de negocio la cual era, sin duda, una posibilidad de tener una fuente de ingresos extra a las dos primeras que ya teníamos consolidadas.

Con tres unidades de negocio facturando y los números creciendo, me provocó hacer algo más, porque ser dueño de una marca como *Green People* y no aprovecharla se me hacía un desperdicio. Fue entonces cuando me di a la tarea de desarrollar más de treinta diferentes productos, todos alineados al cuidado del medio ambiente, entre ellos: jabones naturales para bañarse, champús para el cabello, líquidos limpiadores, champús para lavado de autos, etc., y con el apoyo de uno de mis mentores y amigos de la universidad, Fernando, los presenté todos a otra tienda de autoservicio llamada DAX, filial del grupo Carso, la cual estaba dirigida más a las mujeres y su bienestar, a través de la mejora de su imagen y calidad de vida.

En ese entonces, contaban con veinte tiendas en la frontera con Estados Unidos. Mi idea era tener todo un anaquel con mis diferentes tipos de productos, para que en un solo espacio se impulsará la marca. La idea era que todo lo que las personas compraran de allí tuviera un concepto alineado al cuidado del medio ambiente, que iba desde las instrucciones para saber qué hacer con los envases hasta los materiales con que se habían fabricado los productos. Era un espacio especial para *Green People* dentro de una gran tienda y lo logramos también. A esta unidad de negocio la denominamos como *Green Products*.

Por fin *Green People* estaba equilibrada y contaba con cuatro increíbles unidades de negocio: *Green Construction*, *Green Education*, *Green Bag* y *Green Products*, 100 % funcionales, las cuales todavía podían seguir creciendo cada día con nuevos productos y servicios.

Todo iba muy bien, los números creciendo y las ganas de seguir adelante también. Uno de esos días recibí una llamada de Fernando, quien traía una idea increíble que al principio se nos hizo muy sencilla de lograr. Sin tanto análisis empezamos con el proceso, ya que mis amigos los ingenieros —que lo lograban todo— lo podían intentar. Se trataba de una máquina capaz de mezclar un concentrado de un producto de limpieza con agua para crear un producto final dentro de una tienda de autoservicio, es decir, la gran diferenciación que buscábamos era el poder trasladar productos concentrados, no diluidos, y mezclarlos en la tienda.

De esta manera, la huella de carbono disminuía en el transporte porque un bidón de concentrado líquido de veinte litros equivalía a diecinueve cajas de productos de la competencia, lo que conllevaba a un impacto importante en ese sentido. Pero no conforme con esto, diseñamos un envase que inició como uno de crema y terminó siendo un *pouch* que también se podía reusar cientos de veces.

Nuestro concepto lo llamamos *Ecoshine* y logramos tenerlo en una primer tienda de la misma Comercial Mexicana. Queríamos seguir metiendo más máquinas en otras tiendas, el tema fue que cada máquina era muy cara; también tuvimos cientos de problemas para fabricarlas, sin embargo, el producto gustó mucho y se vendía muy bien en las tiendas. En este negocio participaban dos grandes amigos, cuyo acuerdo era que yo operaría y ellos serían los socios inversionistas o los que iban a poner los recursos para seguir impulsando esta increíble idea.

Todo iba increíble. Yo ganaba premios con los conceptos y productos que presentaba, además de viajes para presentarlos en otros países y, honestamente, todo parecía maravilloso hasta que llegó el momento de entender que la vida no es color de rosa.

Uno de tantos días, me di un espacio para ir a comer con mi mamá y mientras estábamos en plena comida recibí la llamada del gerente encargado de la operación, la cual teníamos en una bodega en el estado de México. Ahí teníamos todo: productos por entregar, máquinas, materias primas, entre otros, todo el negocio en un solo lugar. Bueno, este colaborador me llama, me pide que prenda la televisión y que ponga las noticias. ¿Cuál fue mi sorpresa? Veo la noticia de un helicóptero que sobrevuela un espacio en donde se veía mucho humo. En ese momento me dice: «Marco, esa es la empresa, se está quemando». En menos de una hora, *Green People* había desparecido.

Nosotros habíamos rentado un espacio para la logística del empacado de bolsas, teníamos todos los equipos, una máquina especial que habíamos diseñado para el Teletón, productos terminados e inventario, maquinaria, entre otros. En fin, toda nuestra compañía se había acabado por culpa de una empresa química vecina, la cual había explotado; se había llevado seis almacenes que teníamos al lado de ellos.

Fue uno de los peores momentos de mi vida. Al principio, como todo en la vida, inicia tu proceso de duelo con la negación, después el enojo hasta llegar a la aceptación. No hay nadie en la vida que pueda sentir lo que un empresario o un emprendedor siente cuando tiene una pérdida tan grande en sus negocios, nos quedamos solos porque, además, hay que decidir qué hacer con las personas que colaboran contigo. Gracias a Dios no hubo ninguna pérdida humana, pero sí una gran económica y, sobre todo, emocional.

El estrés que viví fue muy intenso, creo que fue cuando me empezaron a salir canas al por mayor porque tenía que enfrentar la realidad y hablar con la gente para explicarles que estábamos en crisis. Hice números y teníamos siete meses de vida, por lo que tuve que tomar algunas decisiones complicadas y una de ellas, la que marcó mi vida como el regreso a la iniciativa privada, fue el salirme de mi propia empresa para que esos recursos que recibía se pudieran quedar para operar, un escenario similar al que nos dicen las aeromozas cuando volamos: si hay una despresurización es necesario que tú primero tomes el oxígeno y después ayudes a los demás.

Esa fue mi idea inicial: salirme para que los que se quedaban pudieran reconstruir algo de lo perdido. Fue un golpe muy fuerte del cual todavía en este 2023 no nos recuperamos, todavía tenemos deudas que se siguen pagando. En lo personal, pedí una casa la cual tuve que entregar a uno de mis acreedores más relevantes, algo que me dejó marcado de por vida, ya que era parte del patrimonio que estábamos construyendo para nuestras hijas.

Así fue que decidí volver a trabajar para una empresa en donde comencé como asesor de negocios y en solo nueve meses logré escalar como gerente de planeación estratégica y proyectos especiales de *retail*. Pude consolidar todas las ideas que tenía como empresario, pues yo sabía lo que se sentía operar un negocio y lo valioso que era tener uno. Esto me logró conectar con muchos empresarios con los que pude trabajar de la mano para enfocar lo aprendido en mi empresa, el *sell out*.

Ha sido, sin dudas, una de las mayores satisfacciones de mi vida, ya que el ser dueño de mi propia empresa me daba habilidades que mis compañeros no tenían, las cuales se notaban en los consejos y conceptos que impulsaba con esos empresarios, además del gran reto de trabajar con algunos graduados en Harvard y con otros que no contaban con grandes estudios.

Al final del día y ya con más tranquilidad, logré pedir un nuevo préstamo y pasar prácticamente la empresa a manos de Pablo, quien sigue operándola de una manera estándar y estable, al menos solo *Green Bag*, que era y es la unidad de negocio con mayor estabilidad y con un modelo operativo funcionando.

Esa fue la historia de mi increíble experiencia como empresario.

Franquicia: un ejemplo de empresas medianas

Esta es una de las partes de este libro, donde hace mucho sentido ocupar el modelo CRECE para este tipo de empresas. Son muchos los empresarios mexicanos y, de seguro, también de todo el mundo que ponen todas sus esperanzas en sus ideas, por lo que al tener una visión estratégica y enfocar sus esfuerzos en ellas puede hacer que logren su consolidación. Hablar de una franquicia es hablar de un negocio probado, de un modelo de negocios que cuenta con estados de resultados, balances generales y productos o servicios con un mercado y ventas reales.

Es muy normal que al apostarle a este tipo de negocios, tengas que hacer una revisión exhaustiva de la información que te estarán entregando, pues no porque un negocio sea exitoso lo va a ser si lo abres en otro lado, ya que el éxito muchas veces se relaciona con el mercado que se está atendiendo, la velocidad en la madurez que se vaya consolidando y, sobre todo, que el mercado reaccione a la oferta de valor que propone cada franquicia.

De lo que sí estoy seguro, es que es mucho mejor tener un porcentaje mayor de éxito porque ya es un modelo de negocio probado que iniciar algo desde cero. En eso sí estoy de acuerdo con que las franquicias te ofrecen una mejor posición de salida, aunque siempre hay que revisar las condiciones de la misma.

Desde mi punto de vista, lo más importante en estos casos es tener la capacidad para analizar con detenimiento los números que te están presentando y hacer supuestos, en donde intervengan escenarios críticos o muy negativos; escenarios conservadores; escenarios muy positivos y, tal vez, un escenario esperado: uno intermedio para poder empezar a analizar el tamaño del riesgo.

Recuerda, siempre existirá el riesgo de perderlo todo y debes estar dispuesto a ello, así como también puede ser que exista el riesgo de perder una parte y recuperar otra, es decir, contar con un valor de rescate en caso de que haya una catástrofe no programada. En mi caso, el no tener un seguro de mi almacén fue algo que nunca pensé y esto tuvo grandes consecuencias.

Cuando vas a una feria de franquicias, puedes conocer múltiples opciones con diferentes niveles de inversión, de retorno de la misma (ROI) y de puntos de equilibrio. También puedes tener claro el tipo de productos o servicios y los mercados que pueden valorar la oferta de esas franquicias. Yo creo que estas opciones son muy buenas porque puedes ir con la firme intención de invertir y no necesariamente de operar; es decir, tener una franquicia puede ayudarte a generar nuevas fuentes de ingreso, pagándole a una persona para que se encargue de toda la operación, de tal forma que la propia franquicia te debe dar las herramientas para tener el control de las ventas, inventarios, cobranza, mermas, etc.

Yo te recomiendo, si quieres iniciar un negocio, que lo hagas a través de una franquicia. Es, sin dudas, una forma de reducir el riesgo y, tal vez, de compartir parte del negocio con la propia franquicia, pero eso te ayudará a confirmar que tu inversión regresará en algún momento con la posibilidad de seguir haciéndola CRECER, además de contar con todo el respaldo jurídico y del cumplimiento de las normas. Sea el negocio del que se trate es, sin lugar a dudas, una apuesta más sólida de llegar al éxito.

Uno de los elementos más importantes que debes de considerar antes de firmar un contrato con algún franquiciante es la gente, las personas que van a operar o que esperas que operen tu negocio, no como un tema del cumplimiento de lo que le tocará hacer sino, más bien, de que sea la persona adecuada, ya que tendrá en sus manos el éxito o fracaso de tu franquicia.

La gente no debe cumplir solo con un perfil, también debes considerar que sea una persona que pueda poner en su mente la posibilidad de CRECER contigo, es decir, que se sienta parte de lo que será el futuro y no necesariamente que lo consideres para que sea la cabeza de ese primer negocio para siempre, eso asustaría a cualquiera. ¿Qué podría ser mejor que tenerlo como un aliado al cual lo seguirás desarrollando y capacitando para que en el futuro esté a cargo de un segundo y luego que sea el que controle los negocios (tiendas, establecimientos o puntos de venta) que se vayan generando en el tiempo?

Tienes que pensar también en la felicidad de tus colaboradores, en sus sueños personales, y quizás no tanto en dárselos sino en contribuir para que ellos los puedan lograr. Eso te va a ser un gran empresario que piensa en su personal y no solo en su negocio.

Para muchos empresarios que ya cuentan con una franquicia, el modelo CRECE les puede ayudar a perfeccionar su visión y contar con planes de expansión del negocio. Algunos de ellos ya tienen muy clara su estrategia y visión, así que será un modelo comparativo de lo que están planeando, pero habrá otros dueños de franquicias que tienen una y que, tal vez, ni siquiera se han planteado tener un crecimiento o no les llama la atención por el confort que les da el tener una y es muy válido, si toman la decisión de no crecer de manera consciente. Pero si no lo habían pensado o no sabían cómo, este modelo les puede ayudar a crear esa nueva estrategia que les hace falta.

Una de las experiencias que tuve con esta clase de negocios, fue la de conocer a empresarios cuya visión no era concreta y nunca se habían puesto a pensar el por qué no habían crecido en varios años. Al presentarles la idea, la tomaron con agrado.

En ese entonces, mandé a hacer una base de madera en la que incluíamos cinco tubos de madera, empotrados y de diferente tamaño, comenzando con el más pequeño que representaba el año uno y así hasta llegar al año cinco. Estas figuras las mandamos a hacer porque teníamos empresarios de diferentes niveles de estudio y estoy seguro que para algunos esto fue más como un juego, pero para otros fue un despertar al crecimiento. La idea era poner en la mente de todos la posibilidad de duplicar sus negocios en cinco años y eso se mostraba muy claro en la figura de madera que tenían en sus propias manos. Con una figura de madera simple los logramos enfocar a esa misión: la de CRECER a un ritmo del 15 % anual, para duplicar ese negocio el quinto año.

Luego, les entregamos una serie de piezas, las cuales tenían un espacio en el centro como si fueran donas pero de madera, muy flacas y pequeñas, de tal forma que ellos podrían empezar a jugar con ellas el año uno. Tenían diez fichas y cada una de ellas tenía un texto impreso, algunas decían: abrir tienda, venta en línea, venta de otros productos, vendedores de campo, abrir los domingos, etc.

Cada ficha era una oportunidad de crear una nueva fuente de ingresos y así ellos tenían la posibilidad de ir colocando las piezas que les hacía sentido, con el fin de lograr el crecimiento esperado en el año uno, es decir, con fichas de madera logramos hacerles entender que para llegar a la meta tenían que hacer algo extra y no esperar que el negocio creciera de manera natural. Se volvían piezas que representaban los *building blocks* de un análisis numérico y, de esa forma, terminar el ejercicio físico con una pieza de madera, con un Excel o una hoja en donde bajábamos, a detalle, la expectativa de las nuevas fuentes de ingreso. Luego, debíamos crear su *check up* para confirmar si contábamos con lo necesario para echarlas a volar.

Hubo un caso muy especial, de una empresaria que tenía cinco puntos de venta y se propuso contar con diez a lo largo de cinco años, por lo que empezamos a correr su modelo CRECE y nos dimos cuenta que sí era posible, que la idea de contar con el doble de puntos de venta o tiendas no le daría, quizás, el doble de sus ventas porque siempre hay una curva de aprendizaje y de maduración de cada negocio, pero la idea era fantástica porque logramos con números establecer lo necesario para lograr esta visión, que iniciaba con abrir la primera el año uno y así, sucesivamente, hasta llegar al año cinco.

Esto parecería lo más lógico, en principio, pero al hacer los números y después del *check up* ella logró entender que era un mejor escenario, de cara al futuro, abrir tres tiendas el primer año, ya que su flujo así lo permitía. Esto cambió el escenario de las ventas, ya que en el primer caso íbamos por una curva de madurez a ese mismo ritmo y, en la segunda opción, al abrir tres el mismo primer año, lograba mejorar el resultado de las ventas hasta un 30 % más de lo que habíamos pensado con la primer estrategia. Después, al analizar el crecimiento esperado, empezamos a pensar que la clave del éxito no iba a ser la tienda por sí sola sino que lo importante iba a ser la gente que se colocaría al frente de las mismas; el mantener la motivación y el ritmo de pasión necesarias para que en cada tienda hubiera una persona que estaría dando el 130 % en pro de los clientes de cada una de ellas.

Fue cuando le propuse crear un programa especial denominado *Happy program*, donde se incluía un modelo de medición que premiaría la constancia, es decir, aquellos que mantuvieran los indicadores más importantes de la organización, en un nivel sobresaliente, podrían acceder a mejores circunstancias de apoyo y consideraciones especiales por su gran esfuerzo. A este nivel no todos tendrían la posibilidad de llegar, motivo por el que era tan bondadoso este modelo, donde también logramos establecer las necesidades de capacitación que se requerían, siempre impulsando el *Happy program* como método aspiracional al cual todos querían llegar y que fue parte del éxito de esta empresa.

Corramos, pues, la metodología CRECE para este grupo empresarial, dado que es muy similar el concepto para cada una de ellas, lo haremos de manera general:

Crea una visión y cree en ti (largo plazo-5 años).

Reto para ir en la dirección correcta a la velocidad necesaria (tendencia; mediano plazo-1 año/12 meses; siguiente año).

Enfoca tus esfuerzos en los puntos rojos (corto plazo-todos los días).

Check up, ¿estamos preparados para dar el primer paso?

Encuentra la felicidad en el camino.

Crea una visión y cree en ti (largo plazo-5 años)

Veamos el reto para este tipo de empresas para crear una visión a mediano-largo plazo.

Es de vital importancia, contar con un presupuesto de ingresos (ventas) y de egresos (gastos) para poder medir si el avance del plan tiene una tendencia de llegar a ese lugar o no.

Algunos ejemplos de cómo puedes crear una visión a mediano-largo plazo en este tipo de grupos:

- Duplicar o triplicar tu negocio en cinco o diez años.
- Mejorar y consolidar las utilidades de la empresa en un 40 % en cinco años
- Reducir tus gastos con el fin de maximizar tus utilidades en un 50 % en los próximos cinco años.
- Triplicar tus ventas en cinco o diez años.
- Ganar participación de mercado 3 puntos de porcentuales.
- Contar con al menos un nuevo punto de venta (negocio) cada año, durante los siguientes cinco años.
- Tener una tienda o un negocio por cada mil habitantes de alguna de las delegaciones de la ciudad.
- Contar con un negocio cada dos kilómetros a la redonda, dentro de alguna de las delegaciones .
- Contar con el número de puntos de venta necesarios para tener una participación de mercado de al menos el 50 % en cierta ciudad.

Reto para ir en la dirección correcta a la velocidad necesaria (tendencia; mediano plazo-1 año/12 meses; siguiente año)

Veamos el reto para este tipo de negocios. De la misma forma, como lo venimos construyendo, vamos a tomar uno de los ejemplos que se consideraron en la primer parte, tomando en cuenta la visión a mediano-largo plazo:

- Contar con el número de puntos de venta necesarios para tener una participación de mercado de al menos el 50 % en cierta localidad.

Vamos a considerar como ejemplo un modelo de tiendas de *retail,* el cual cuenta con una presencia importante en muchos estados de la república mexicana y la marca es reconocida por el propio mercado. Consideremos una ciudad con un potencial de mercado de cincuenta y dos mil cuatro millones de pesos al año, es decir, la estimación de compra de esa ciudad equivale a un promedio de compra de cada consumidor en una localidad por el número de consumidores de la misma ciudad.

En esa ciudad, la cadena cuenta con 5 tiendas con las siguiente información de ventas:

Tabla 3

	TR Diarias	TP	VPD	Vta Anual	
Tienda 1	120	$113	$13,560	$3,539,160	7%
Tienda 2	123	$120	$14,760	$3,852,360	7%
Tienda 3	140	$98	$13,720	$3,580,920	7%
Tienda 4	115	$112	$12,880	$3,361,680	6%
Tienda 5	100	$123	$12,300	$3,210,300	6%
	120	**$113**	**$13,444**	**$17,544,420**	**33%**

Considerando que el potencial de venta es de 52.4 mdp y las cinco tiendas juntas venden 17.5 mdp, estimamos, entonces, que la cadena cuenta con un 33 % de participación de mercado, por lo que si la visión a cinco años es tener un 50 % de participación y una forma de tener la visión clara en términos de números, sería de la siguiente forma:

Tabla 4

Año	0	$17,544,420		
Año	1	$19,018,151	8.4%	$1,473,731
Año	2	$20,615,676	8.4%	$1,597,525
Año	3	$22,347,393	8.4%	$1,731,717
Año	4	$24,224,574	8.4%	$1,877,181
Año	5	**$26,259,438**	8.4%	$2,034,864

En base a la metodología, necesitamos enfocarnos en resolver el reto del primer año. Si el año anterior la venta fue de 17.5 mdp, ahora debemos que construir los *blocks* necesarios para que en el primer año se pueda lograr 1.4 mdp más, para estar alineados a la tendencia de lograr nuestro objetivo a cinco años. Uno de los temas más importantes en la metodología es clarificar que lo importante es que la tendencia sea la adecuada para llegar a donde queremos.

Si en uno de los cinco años no crecemos el 8,4 %, como se estableció en este ejemplo, y crecemos solo el 6 % por temas de mercado, lo importante es que en los siguientes años se pueda diluir ese crecimiento deficitario o recuperarlo en un año específicamente.

Por ejemplo, si en el año uno se creció el 6 %, una solución que podemos dar a la tendencia es que el siguiente año se hagan un plan con *blocks* y un crecimiento de 10,4 % para recuperar el 2 % que se tuvo en el año uno. Por eso confirmo que lo importante es seguir con una tendencia positiva, hacia dónde queremos llegar, por lo que se puede ir ajustando el plan cada año sin perder ese objetivo.

Ahora, veamos los *building blocks* para el año uno, que debe sumar 1.4 mdp el cual quedaría de esta forma:

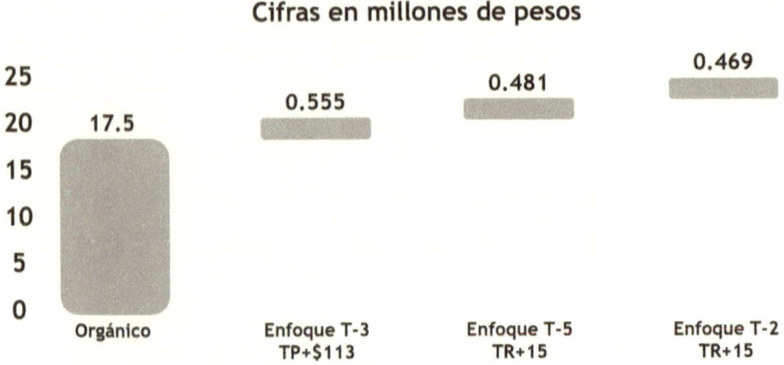

Vamos a analizar cada bloque:

El primer bloque significa que vamos a vender lo mismo que el año anterior, es decir, se considera un monto orgánico normal. Luego, tenemos que tener un enfoque y estrategia en tres tiendas.

- Tienda 3. En el año cero, tiene un ticket promedio de noventa y ocho pesos, por lo que lo debemos llevar a ciento trece pesos, que es el promedio general de la plaza, considerando incorporar productos de impulso o ajustar la oferta de valor al momento del cierre de compra. Un ejemplo, sería el ofrecer siempre un producto de quince pesos o de treinta pesos, esperando que se incremente el ticket promedio.

- Tienda 5. En el año cero, tiene un nivel de transacciones de cien clientes diarios, por lo que lo debemos llevar a tener quince transacciones más, lo cual es menor que el promedio general de la plaza que está en ciento veinte transacciones, por lo que es alcanzable.

- Por último, enfocarnos en la tienda 2, la cual es la de mejor desempeño. En el año cero, tiene un nivel de transacciones de ciento veintitrés clientes diarios, por lo que lo debemos llevarla a tener quince transacciones más, lo cual es menor que el promedio general de la plaza que está en 138 transacciones, por lo que es alcanzable.

Se debe considerar un análisis para entender el comportamiento de cada tienda, en cuanto a la forma en que están logrando esos resultados y probar acciones como productos de impulso, un ajuste a la verbalización a la hora de la venta, alguna oferta especial, etc.

Esta es una forma de llegar a cumplir con el reto del primer año. Sin embargo, aquí expongo una segunda opción para este tipo de negocios, la cual se trata de abrir una nueva tienda, considerando una curva de crecimiento y maduración, como se puede ver en la siguiente tabla:

Tabla 6

	TR Diarias	TP	VPD	VP mensual
Enero	23	$113	$2,599	$67,574
Febrero	25	$113	$2,859	$74,331
Marzo	28	$113	$3,145	$81,765
Abril	31	$113	$3,459	$89,941
Mayo	34	$113	$3,805	$98,935
Junio	37	$113	$4,186	$108,829
Julio	41	$113	$4,604	$119,711
Agosto	45	$113	$5,065	$131,683
Septiembre	49	$113	$5,571	$144,851
Octubre	54	$113	$6,128	$159,336
Noviembre	60	$113	$6,741	$175,270
Diciembre	66	$113	$7,415	$192,797
				$1,445,022

Con una tienda más que pueda ir ganando transacciones por mes, podemos construir un solo bloque con una tienda más. De esta manera, estaremos cumpliendo con el reto del primer año y contaremos con la tendencia adecuada para ese primer reto.

Tabla 7

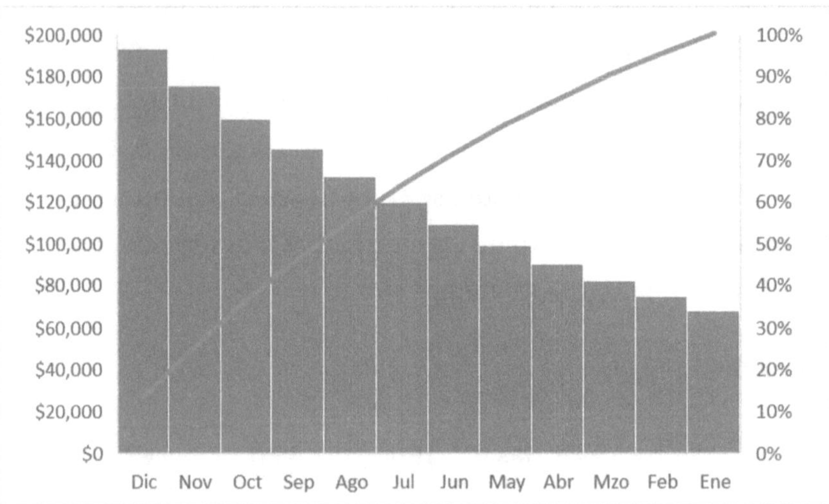

Con este análisis, tenemos muy claros los pasos a seguir en los próximos doce meses.

Enfoca tus esfuerzos en los puntos rojos (corto plazo-todos los días)

Si nuestra meta está en términos de presupuesto de ventas, tenemos que poner todo el empeño en encontrar donde es posible no obtener esos resultados, donde estimas que existe esa probabilidad. Uno de los ejemplos más significativos para este tipo de negocios de *retail*, donde hay muchos puntos de venta, es el modelo Red 911 que, un año después, sería el concepto SWAT, el cual también fue diseñado por un equipo colaborativo en una de las empresas en donde trabajé. Se trata de que cada mes se saque un listado con todas las tiendas que están por debajo de su presupuesto.

Es decir, el récord de ventas diarias te ayuda a saber si lo que consideraste para CRECER en esa tienda lo vas a poder lograr o no, tomando en cuenta su estacionalidad y mucha más información al respecto. Imagínense un listado de tiendas en donde cinco de veinte están con esa posibilidad.

Bueno, qué pudiera ser mejor que saberlo al principio de mes para poder poner toda la energía en esas cinco tiendas y tratar de sacarlas adelante con ofertas muy específicas para cada mercado en donde se encuentren. Eso se llama enfoque en puntos rojos y, en este caso, tiendas rojas. Esta es una metodología que funciona y muy bien.

Check up, ¿estamos preparados para dar el primer paso?

Ahora bien, es muy importante considerar que para abrir una tienda nueva se requiere de una inversión inicial, por lo que es un tema que se debe resolver con los propios recursos del dueño o con recursos externos, aunque también tenemos la opción uno de enfocarnos en tres tiendas a mejorar su desempeño. Ambas opciones son viables para el reto del primer año.

Recuerda que esta es la etapa en donde, después de poner una gran zanahoria frente a nosotros, podemos ahora preguntarnos si contamos con todo lo necesario para alcanzar, al menos, los primeros doce meses del siguiente año y, en caso contrario, poner en marcha un plan B para consolidar esa preparación y saber exactamente cuándo vamos a estar listos para iniciar ese CRECIMIENTO tan anhelado.

Encuentra la felicidad en el camino

Otro de los conceptos que más he usado para este tipo de empresas es la creación de un programa enfocado en la felicidad del personal que trabaja allí.

En una de las empresas para las que colaboré le llamé *Happy program*, el cual incluía un esquema de transformación humana, lo cual ya tenía una complejidad desde su concepción, ya que hablar de la felicidad en las organizaciones no es muy común.

De lo que se trataba el *Happy program* era de tener sesiones para hablar de la felicidad. En la primera sesión, tradicionalmente hablamos de las cinco áreas que la componen, las cuales describo a continuación:

- recreacional,
- social,
- espiritual,
- intelectual,
- física,
- salud.

En esa primera sesión, hacemos un cuestionario muy sencillo para que cada uno de los participantes pueda hacer conciencia y decidir en qué nivel de desarrollo sienten que está. Es un examen de conciencia, muy personal, y cada uno debe de entrar en su interior para saber si está teniendo o no avances o, al menos, una conciencia de cada una de esas áreas.

Una vez, con el diagnóstico en mano, los participantes ya cuentan con una base para hacerse un planteamiento específico en cada área, en la que podrán definir los cambios en su vida y la forma en que podrán comenzar a hacerlos.

¿Te puedes imaginar que la empresa en donde trabajas te hable de tu felicidad, que pueda atender tus necesidades personales y que estén alineados a tu realidad? Por ejemplo, imagina que tú eres dueño de una empresa y mandas a tu equipo a participar en este programa y los resultados compilados indican que el 90 % de los participantes piensa que el tema de salud es el más preponderante, ya que sienten que no se alimentan correctamente por miles de circunstancias que siguen siendo muy personales. Una de las metas que se están proponiendo, después de hacer conciencia, es alimentarse mejor.

Como empresario, después de entregarte este resultado, ¿qué se te ocurre hacer con ello? En este ejemplo, si el empresario entiende las necesidades generales de sus empleados y trabaja para tratar de cerrar la distancia entre lo que es y lo que debería de ser, tal vez dé instrucciones de tener un espacio digno para que el personal pueda tener su tiempo de comida pero, quizás, puede ir más allá, poniendo a una cocinera que, de manera balanceada, haga los alimentos para todos los empleados y que eso les ayude a cuidar su salud.

Bueno, este es solo uno de los ejemplos que podemos obtener del *Happy program*, porque una vez que un colaborador siente que la empresa se preocupa genuinamente por ellos, su actitud frente a la misma mejora e inclusive aumenta la productividad, disminuyendo también la rotación.

Además, se pueden definir diferentes indicadores que puedes alinear a aspectos de la vida de las personas y encontrar un nuevo camino de cambios en ellas, positivos, porque se sentirán tomados en cuenta, reconocidos, impulsados e inspirados, que pertenecen a una empresa humana y no solo transaccional, como existen muchas en el mercado.

Y tú, ¿hablas de la felicidad con tus empleados?

Este es solo un ejemplo de la forma en que las empresas de diferentes tamaños pueden empezar a hablar de la felicidad e impulsar un cambio en favor de sus empleados y de la mismas. En mi caso, yo le llamé *Happy program*.

Veamos otro ejemplo de la metodología CRECE para un grupo empresarial de mayor calibre, de mayor venta y todo lo que esto significa.

Corramos, pues, este ejemplo, considerando solo las dos primeras letras:

Crea una visión y cree en ti (largo plazo-5 años).
Reto para ir en la dirección correcta a la velocidad necesaria (tendencia; mediano plazo-1 año/12 meses; siguiente año).

Crea una visión y cree en ti (largo plazo-5 años)

Desde mi punto de vista, en empresas de este nivel no debería haber más que una visión específica: ganar participación de mercado. Considero que una empresa de este tamaño ya cuenta con todo un sistema operativo que le permite establecer caminos específicos para ir generando un modelo creciente constante. Sin embargo, hay muchas empresas que se acostumbran a hacer sus presupuestos de ventas, considerando solo sus históricos y dejan de ver el potencial del negocio, es decir, dejan de tener el hambre necesario para ganar más participación de su mercado.

Aquí podemos ver algunos ejemplos y sus repercusiones:

- Ser el líder, con una participación por arriba del 30 % del mercado en algún país, ciudad o población.
- Alcanzar una participación de mercado del 60 % en cinco años.
- Incrementar 3 puntos de porcentuales de participación de mercado en cinco años.
- Duplicar la participación de mercado actual en cinco años.
- Acelerar la toma del mercado para contar con un 80 % de participación en diez años.

En fin, desde mi punto de vista, para este tipo de empresas y su nivel de ventas no veo otro indicador más importante que el de la participación de mercado.

Recordemos que una empresa de este tamaño ya cuenta con todo un sistema operativo que le permite ser el líder, con una participación por arriba del 30 % del mercado en algún país, ciudad o población.

Por lo tanto, vamos a considerar que la visión definida para este tipo de grupo es la siguiente:

- Incrementar 3 puntos de porcentuales de participación de mercado en 5 años.

RETO PARA IR EN LA DIRECCIÓN CORRECTA A LA VELOCIDAD NECESARIA (TENDENCIA; MEDIANO PLAZO-1 AÑO/12 MESES; SIGUIENTE AÑO)

Haremos ahora una simulación para establecer un posible camino como reto del primer año, para ir en la dirección correcta a la velocidad necesaria (tendencia), es decir, a corto plazo-1 año, 12 meses.

Pero antes, entendamos qué significan 3 puntos de porcentuales de participación de mercado y, para ello, veamos el siguiente ejemplo: una empresa se especializa en productos lácteos, vende en total tres mil quinientos cincuenta y siete millones doscientos sesenta y dos mil doscientos veinte litros de leche al año y el volumen total de ventas posibles, considerando a todos los competidores, suma once mil cuatrocientos setenta y cinco millones treinta y nueve mil cuatrocientos veinte. Esto significa que la participación en el mercado de esta empresa o el *market share* es de 31 %.

Tabla 8

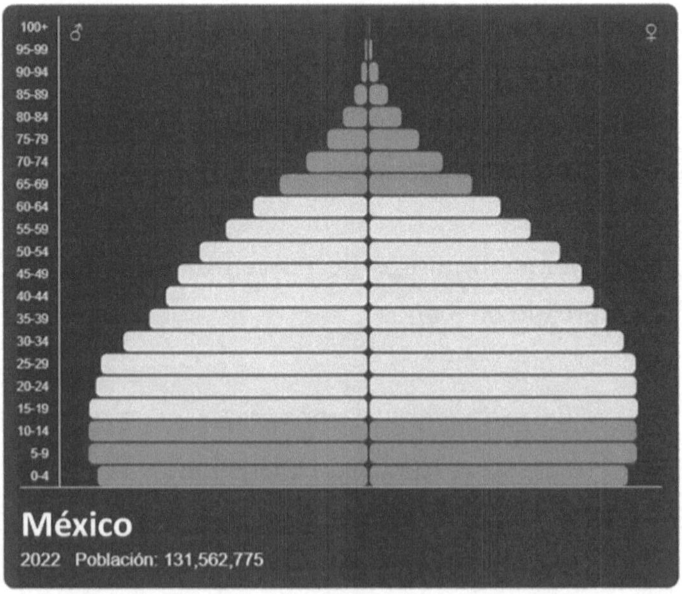

FUENTE: https://www.populationpyramid.net/es/pp/mexico

Tabla 9

Población joven	Población en edad de trabajar	Poblacion vieja	Población total
25.17%	66.78%	8.05%	
33,108,878	87,861,686	10,592,211	131,562,775

Consumo al mes (lts)	Consumo al mes (lts)	Consumo al mes (lts)	
12	6	3	
Consumo al año	Consumo al año	Consumo al año	
144	72	36	
4,767,678,432	6,326,041,392	381,319,596	11,475,039,420

Si la empresa se propone ganar tres puntos de participación de mercado en cinco años, el modelo de crecimiento posible podría ser el siguiente:

Tabla 10

Año 0	3,557,262,220	31%
Año 1	68,850,237	3,626,112,457
Año 2	68,850,237	3,694,962,693
Año 3	68,850,237	3,763,812,930
Año 4	68,850,237	3,832,663,166
Año 5	68,850,237	3,901,513,403
		34%

Es decir, se propone pasar del 31 % de PDM, ganando sesenta y ocho punto ocho millones de litros cada año para terminar en

34 % de participación de mercado en el año cinco, asumiendo que, en este caso, no vamos a considerar la inflación ni el crecimiento del mercado para lograr un mejor entendimiento.

Siguiendo con este caso, establecemos que podemos incrementar la venta sesenta y ocho punto ocho millones de litros en el primer año, considerando el siguiente modelo de ventas, sin estacionalidad y asumiendo que los clientes se trabajaron durante tres meses antes de que iniciara el año y empezarán a comprar en enero del año uno:

Tabla 11

Mes 1	5,737,520
Mes 2	5,737,520
Mes 3	5,737,520
Mes 4	5,737,520
Mes 5	5,737,520
Mes 6	5,737,520
Mes 7	5,737,520
Mes 8	5,737,520
Mes 9	5,737,520
Mes 10	5,737,520
Mes 11	5,737,520
Mes 12	5,737,520

Ahora bien, vamos a considerar que en ese momento contamos con tres niveles de clientes: grandes, medianos y chicos, como se desglosa en la siguiente tabla:

Tabla 12

Tamaño	Grande	Mediano	Chico
Cantidad	30	1200	3200
% Venta	50%	20%	30%
Venta	1,778,631,110	711,452,444	1,067,178,666
Venta/Cliente	59,287,704	592,877	333,493

Nuestra estrategia, para el primer año, podría ser conquistar cuarenta y cinco clientes medianos más y ciento veintiséis clientes chicos. El diseño del desarrollo de estos clientes, puede ser a través de una promoción agresiva, otorgando un margen temporal alto de entrada o con algún descuento por catalogar el producto la primera vez. Para el caso, no consideraremos el análisis del descuento propuesto, para no afectar el entendimiento de lo que se busca explicar, que es el reto de crecer el primer año.

Tabla 13

Tamaño	Mediano	Chico
Cantidad	45	126
Venta Prom	592,877	333,493
Venta	26,679,467	42,020,160
Venta anual		68,699,627

Esa debería ser una posible meta para que los vendedores no solo se aseguren de cumplir su presupuesto actual con sus clientes cautivos, sino que ahora, tendrían que salir a conquistar ese número de clientes de ese tamaño y que empiecen a comprar esas cantidades promedio que compran los clientes de ese rango.

Crear una visión y cree en ti (largo plazo-5 años)

Para que una empresa grande cree una visión a mediano- largo plazo, debería establecer el reto permanente de ganar participación de mercado. Una empresa de este tamaño, ya cuenta con todo un sistema operativo que le permite establecer caminos específicos para ir generando un modelo creciente constante. Al final del día, entre más cercano te encuentres a tus clientes y más te prefieran, mayor va a ser tu ventaja competitiva y menor el riesgo de desaparecer.

Un negocio con participación de mercado por arriba del 50 % en algún país, ciudad o población, significa que el 50 % de lo que se puede vender de tu producto se está logrando a través de tu negocio y el otro 50% de seguro lo está vendiendo tu competencia que puede ser uno o varios competidores, por lo que si una empresa lo establece como parte de su modelo de crear una visión a mediano-largo plazo, yo recomendaría que fuera con este indicador, el cual, significa mayor venta y la consolidación del propio negocio.

En lo personal, entre cinco y diez años son suficientes para incrementar esa participación del mercado, siendo este el indicador que puede representar esa visión.

Aquí podemos ver algunos ejemplos y sus repercusiones:

- Ser el líder con una participación por arriba del 30 % del mercado en algún país, ciudad o población.
- Alcanzar una participación de mercado del 60 % en cinco años.
- Incrementar 3 pp de participación de mercado en cinco años.

- Duplicar la participación de mercado actual en cinco años.
- Acelerar la toma del mercado para contar con un 80 % de participación en diez años.

En fin, desde mi punto de vista, para este tipo de empresas y su nivel de ventas no veo otro indicador más importante que el de participación de mercado.

Otro tipo de empresas son las internacionales y, por obvias razones, no es sencillo hacer recomendaciones para ellos porque, además, están acostumbradas a no recibir consejos de nadie, a menos que tenga un nombre el mercado, lo cual está bien, aunque muchas de esas empresas terminan dando similares consejos a los que estoy impulsando en este libro. Claro que en esos casos, ellas pagan cientos de dólares para tener las mejores recomendaciones de empresas consultoras que de seguro hacen un excelente trabajo. Sin embargo, considero que, desde el punto de vista estratégico, hay mucho que se podría hacer cuando se trata de ganar y crecer, por lo que mi propuesta para establecer un camino alterno para ellas lo baso desde mi experiencia y solo a nivel general.

Todas las empresas tienen un mercado para poder ofrecer sus productos y servicios.

Cuando se trata de una empresa internacional, se puede hablar de la participación del mercado en el que está involucrada con sus productos y servicios. La única gran respuesta para poder CRECER es ganando más y más participación de su mercado de interés. Cuando existe un monopolio no hay de que preocuparse, porque solo hay una empresa que ofrece y clientes cautivos que solo en esa empresa pueden comprar, por lo que no es necesario hacer nada, ya que ellos vendrán sin tener que hacer nada, obviamente, cuando nuestro producto o servicio sea apreciado por los consumidores. La estrategia entonces para este tipo de empresas debería ser: volverse el jugador con mayor probabilidad de ser monopolio y no por tratar de ser un solo; ser buscado por ofrecer un servicio o producto diferenciado.

La estrategia para ganar participación de mercado, establece la posibilidad de ir ganando esos mercados y en una empresa de este nivel, ya podemos hablar de participación de mercado por país, por ejemplo. Si contamos con servicios o productos que vendemos en México y contamos con una participación de mercado alta, tendríamos la posibilidad de pensar en crecer en otro países de Centroamérica, de Estados Unidos o de otras regiones del país. En ese sentido, ampliar la base de países que compran mis productos, podría ser una de las estrategias que se podrían definir para este tipo de empresas, siempre y cuando la saturación del mercado original ya sea muy alta y, entonces, se vuelve preponderante ir a otro u otros países.

Supongamos que la estrategia es ganar participación de mercado y que nuestros productos se venden en México y en los siete países de Centroamérica. Una de las fórmulas para crecer, tal vez, sería iniciar la venta de los mismos en Sudamérica y, de esta manera, ampliamos nuestros ingresos en función de la estrategia definida al inicio con la **C** de crear una visión a mediano plazo.

Si la empresa es grande pero todavía necesita hacer crecer el negocio y tiene una participación media de mercado, puede tomar los ejemplos anteriores para hacer su planteamiento de crecimiento en el mismo mercado, con los ejemplos definidos y los *building blocks* que construimos en los ejemplos anteriores.

Sexto capítulo

Historia de un empleado

El modelo CRECE aplicado empleados de una organización

Storytime

El siguiente grupo es uno de mis favoritos, ya que el modelo CRECE logra establecer, de manera personal, los grandes retos que enfrenta cualquier persona que trabaja para una organización, sin importar, en realidad, a qué se dedica la misma.

El modelo CRECE es tan simple y, a la vez, tan poderoso que es posible aplicarlo en cualquier tipo de persona porque, además, se puede usar para definir un cambio de vida de manera natural y sentir que creces mientras eres feliz.

Desde el 2008, cuando inició el lanzamiento de la red social empresarial muy conocida a nivel internacional, comencé a publicar algunos aspectos de mi vida y lo que pensaba de la organización para la que trabajaba en ese entonces, todavía de manera informal y muy simplista. Sin embargo, conforme me fui desarrollando en diferentes posiciones, empecé a conversar acerca de temas que, al parecer, le eran interesantes a los lectores, por lo que en algún momento, decidí crear mi propia marca y con ella manejar un estándar más alineado a lo que yo buscaba que vieran en mí, desde el punto de vista empresarial, no tanto personal. De hecho, en esta red no comparto nunca nada de mi vida personal, eso lo hago en otra red. En esta comunidad, la gente comparte temas empresariales, de liderazgo, finanzas, ingeniería, etc.

Dentro de esta red, empecé a visualizarme como un líder capaz de expresar mis ideas y buscar la reflexión de los lectores. Recuerdo haber compartido también todos los temas del proyecto Intenta y la imagen que pude reflejar era la de un ejecutivo empresario que no solo está pensando en temas de productividad o desarrollo de negocios, sino también en cómo ayudar a otras personas que pasan por problemas de vulnerabilidad y que necesitan ayuda.

Durante nueve años, colaboré con una gran organización, la cual tenía tiendas en todos los estados de la república y en muchos municipios de México. Una de mis tareas y de mis funciones era ayudar a los empresarios dueños de esas tiendas, apoyarlos a hacer CRECER sus negocios porque había algunos de ellos que no solo tenían una tienda sino más de una, a veces más de diez, veinte o treinta, quizás muchas más. Así que el reto que tuve siempre fue muy variado, ya que era muy diferente tratar de ayudar a alguno con una tienda y con una trayectoria mínima básica, que ayudar a empresarios que contaban con una preparación importante, inclusive en universidades extranjeras. Para mí, ambos tenían la misma importancia porque estaban en el mismo negocio. Siempre me ponía como reto dejar algo para que ellos pudieran aprovecharlo en favor de sus organizaciones y al final de nuestros clientes finales.

Uno de tantos días de andar en pueblos y carreteras, me llegó un mensaje a través de la red social empresarial de la que he hablado antes y era de una persona que decía conocerme. Debo confesar que yo no me acordaba de esta persona; se trataba de un joven que me pedía un consejo y la realidad es que si algo me encanta, es poder ayudar a la gente y más si el tema era un consejo, así que con gusto acepté.

Acordamos llamarnos a cierta hora y después de diferentes intentos por no poder coincidir, por fin logramos platicar. Él me comentó que me conocía porque yo le había dado un curso en la misma organización para la que yo colaboraba y que le había gustado mucho pero que, además, después de ese curso, se volvió, de alguna forma, un seguidor de mi trayectoria en la red empresarial, lo cual agradecí mucho.

Su preocupación era que se sentía bloqueado, estancado y desmotivado; sentía que no estaba avanzando en la organización a la velocidad que quería. Me comentó que por más esfuerzos que hacía, no estaba dando resultado y ya llevaba mucho tiempo en un mismo puesto sin poder CRECER y me pedía un consejo. De inmediato, se me ocurrió pedirle que probáramos el modelo CRECE con él y su lógica mental para poder establecer una nueva alternativa que no solo le pudiera ayudar sino también a mí para probar mi modelo y ver qué tanto impacto podía tener en un proceso individual y enfocado al desarrollo personal, a lo que con gusto aceptó.

Acordamos, pues, tener un proceso de *coaching* para poder llenar el modelo y entender la forma en que lo deberíamos hacer y tener un plan claro para lograr su objetivo.

Iniciamos con una reunión virtual para que yo le presentara y conociera el modelo CRECE, la forma en que, juntos, deberíamos iniciar a llenarlo, comenzando con una reflexión profunda de lo que en realidad él quería ser, tener y, sobre todo, sentir en cinco años, lo cual le provocó un gran estrés porque casi siempre esa pregunta te la hacen en la muchas entrevistas de trabajo pero, en cada una de ellas, tratas de responder lo que consideras que la persona que te hace la entrevista quiere escuchar. En este caso, como iba a ser un plan personal, la tarea era diferente porque ahora estaba buscando una respuesta no para otra persona sino para él mismo.

¿Qué quiere tener, ser y sentir en cinco años? ¿Dónde y cómo te ves en cinco años? Pero, sobre todo, ¿cómo te gustaría sentirte? Al ver que era una pregunta complicada y, a la vez, muy sencilla, acordamos que se diera una semana para que todos los días apuntara en un *post-it* alguna respuesta. No importaba si cambiaba todos los días, lo importante era el proceso de análisis que lo llevaría a entender un futuro inexistente. Yo creo que este proceso nos da miedo hacerlo, porque no quieres definirlo por miedo a no lograrlo o a no sentirte capaz de ir por ese sueño, pero él aceptó y decidimos juntos esperar una semana para hacer esta autorreflexión todos los días y, en una semana, tener un bosquejo mucho más claro de la respuesta a esta inquietante pregunta.

Pasó la semana establecida y, ¡bingo!, nos volvimos a reunir y la respuesta era que quería tener un puesto de mayor responsabilidad, se quería sentir apreciado por la organización y que podía dirigir a un equipo, por lo que su visión era ocupar un puesto gerencial en el área en donde se desempeñaba, la cual era ventas.

Luego, comenzamos a llenar su modelo y, conforme íbamos avanzando, él mismo se daba cuenta que lo que se estaba trazando era, sin dudas, un camino muy valioso para llegar a su destino, no sin antes cuestionarse lo que en realidad quería lograr. Al llegar a establecer los pasos que debería dar para el primer año, entendió que no sería fácil y que tampoco iba a ser una garantía el llevar paso a paso el modelo para llegar a ese objetivo que se había planteado, pero de lo que sí estaba seguro es que, independientemente de un «puesto» en una empresa, el proceso le ayudaría a ser un mejor candidato para cualquier puesto del nivel que estaba buscando dentro o fuera de la organización.

En este caso específico del método CRECE, para colaboradores de una organización que quieren crecer, les asegura un crecimiento personal, un trabajo profundo en el desarrollo intelectual y profesional, que si no se llega a una conclusión como se estaba buscando al inicio, como vimos aquí de una gerencia comercial, se está logrando trazar un camino para ocupar ese u otro puesto similar en esa organización o en cualquier otra, es decir, no hay tiempo perdido.

Al contrario, la mejor forma de seguir desarrollándose es cuando se tiene una paz interna en términos económicos y de trabajo, por lo que uno siempre debería estar buscando CRECER y desarrollarse. Incluso si cuenta con un trabajo estable o que le satisface, porque en una empresa uno trabaja para un dueño de empresa o una organización y no tiene la posibilidad de escalar si las condiciones de la misma no lo permiten por estrategia o porque habrá más candidatos con un perfil similar al nuestro que puedan tener una mayor conexión personal y relacional con la estructura que en ese momento esté dirigiendo el negocio.

Otra vez insisto en que llegar a la meta no es lo importante en este caso, pero prepararse para estar listo y tocar esa meta, sí y con el método CRECE se logra.

Llegamos al *check up* e hicimos una comparación de la preparación que tienen varios gerentes o personas con similares funciones y la gran sorpresa fue que el entendió que el modelo no es un método motivacional y que, más bien, es poner todo en un contexto de realidad para poder establecer un camino correcto, medible y alcanzable de lo que está buscando en ese momento. En esta red social famosa, empezamos a revisar la trayectoria de los puestos similares y empezó a trazar el camino, comenzando por iniciar su proceso para estudiar una maestría y tomar cursos del idioma inglés, los cuales parecía que eran dos elementos clave que solicitaban las organizaciones para esos puestos.

Para terminar, llegamos a la parte de la felicidad, donde él entendió con claridad la importancia de tener un camino paralelo al de ir solo por el desarrollo técnico, el cual debería ser tener conciencia del aquí y el ahora, tener un plan de actividades constantes que le impactaran en lo que era su propia felicidad.

Dejé de verlo por un tiempo y después me enteré que lo había logrado, había dado su primer paso en un primer escalón hacia el camino que estaba buscando, es decir, lo habían ascendido en un año y medio, lo cual era una gran noticia, ya que en el camino su cosecha de esfuerzo y dedicación seguiría rindiendo frutos en el futuro.

Corramos, pues, la metodología CRECE para este grupo de personas que buscan CRECER en la empresa donde laboran.

Crea una visión y cree en ti (largo plazo-5 años).

Reto para ir en la dirección correcta a la velocidad necesaria (tendencia; mediano plazo-1 año/12 meses; siguiente año).

Enfoca tus esfuerzos en los puntos rojos (corto plazo-todos los días).

Check up, ¿estamos preparados para dar el primer paso?

Encuentra la felicidad en el camino.

En este caso, quiero permitirme ser muy honesto. La visión de un colaborador de una empresa, en líneas generales, está secuestrado por la propia compañía y es muy entendible. No puede haber en una empresa de cien personas con cien directores generales. Lo que sí es posible es prepararnos tanto para que podamos llegar a ocupar puestos de mayor responsabilidad, siempre y cuando implementemos en nuestra vida el modelo CRECE o alguno similar, ya que el crecimiento del personal no debería depender de la empresa sino de uno mismo.

En este caso, la visión de un empleado a cinco años podría ser convertirse en:

- un gerente de área,
- gerente de región,
- gerente general,
- gerente de ventas,
- director de ventas,
- director comercial,
- director de recursos humanos y, ¿por qué no?,
- director general.

Para algunas personas, esto no tendrá sentido o en este momento pueden sentirse decepcionados porque nunca lo habían pensado. Para muchos, puede ser algo tan aspiracional que no les permite dar esos pasos para lograrlo, pero espero que con esta metodología se atrevan.

Tener una mayor responsabilidad en una empresa depende de muchas cosas, pero lo primero es ser un excelente candidato para ocupar ese puesto y es ahí en donde entra la magia de la metodología CRECE

Reto para ir en la dirección correcta a la velocidad necesaria (tendencia; mediano plazo-1 año/12 meses; siguiente año)

Ya con el primer planteamiento de visión, podemos avanzar. Vamos a suponer que tú eres un empleado que domina el área en la que te desempeñas y diseñaste la visión de ser un director comercial.

¿Por dónde debemos comenzar? Parece sencillo, pero para muchos no lo es. Primero que nada, hay que saber cuál es el perfil de un director de ese nivel y eso lo podemos investigar en los diferentes sitios de empleos o redes sociales empresariales, donde podemos ver, inclusive, el currículo de la persona que hoy ocupa el puesto que deseas. De tal manera que si uno de las habilidades que tiene un director de ese nivel es hablar al 100 % el inglés y tener una maestría en negocios, ya tienes claro un primer camino que, tarde o temprano, tendrás que recorrer.

Si estás convencido y empiezas a dar los primeros pasos, tal vez el reto para el primer año es tener el nivel B1 o B2 de inglés —o como lo midan en tu país, en términos de la adquisición de una lengua extranjera—, por lo que debe haber cursos que te van a poder ayudar a avanzar.

Enfoca tus esfuerzos en los puntos rojos (corto plazo-todos los días)

Ya tenemos todo listo y, ahora, los puntos rojos tal vez podrían ser las asistencias a las clases y los avances en los exámenes. Si las clases son todos los lunes, miércoles y viernes, debes asegurarte tener esos espacios libres, quizás poner una alarma en tu celular y cumplir con estos puntos, pues si no los cumples no vas a avanzar en tu proceso.

CHECK UP, ¿ESTAMOS PREPARADOS PARA DAR EL PRIMER PASO?

Como siempre, debemos asegurarnos de tener todo para avanzar el primer año y, con ello, contar con una tendencia positiva de hacia dónde queremos llegar.

¿Tienes dinero para tu curso?¿Tienes el permiso de llegar tarde esos días?¿Hay una escuela cercana que pueda proporcionarte los servicios que requieres? Recuerda que debes revisar todo lo necesario para que no falte nada y puedas cumplir ese primer año de cursos de inglés y avances. En caso de que en tu revisión encuentres que falta algo, necesitas crear un plan B e incluirlo en tus doce meses para que se cumpla, pero debes tener claro que es lo que puede impedir que avances.

ENCUENTRA LA FELICIDAD EN EL CAMINO

Recuerda que todo lo que hagas debes hacerlo en un ambiente de felicidad. Si vas a ir a esas clases, encuentra entusiasmo en lo que vas a hacer, sé feliz y disfruta al máximo de compartir con tus compañeros de clases. En fin, haz una reflexión profunda en las siguientes áreas, haz tu diagnóstico y un plan que te ayude a cumplir las metas que te hacen feliz y que te permitan disfrutar de lo que haces, considerando las áreas en donde siempre debes tener un balance:

- recreacional,
- social,
- espiritual,
- intelectual,
- física,
- salud.

Veamos otro ejemplo de cómo crear una visión a mediano-largo plazo si eres un empleado de una gran empresa. En este aspecto, debemos considerar que es posible CRECER en la empresa en donde colaboras y eso va a depender solo de ti, de tus resultados, de tu comportamiento y la forma en que manejes tus relaciones y tu marca personal. Es posible salir de la caja y luchar por el futuro que quieres.

En muchas organizaciones ya se considera realizar un plan de desarrollo para cada colaborador, a pesar de ser un gran riesgo. Dado que en una estructura piramidal no todos pueden crecer, es posible ir delineando las posibilidades de avanzar y tener una tendencia del destino hacia donde debes dirigir toda tu energía, es decir, es posible declarar que es lo que te gustaría hacer y desempeñar otra vez en cinco o diez años. De esta manera, los líderes de la organización tendrán el reto de establecer los requisitos necesarios que necesitas cubrir para ir logrando el avance establecido y de eso se trata este proceso.

Algunos ejemplos para crear una visión para los colaboradores de una organización dependen de la actual situación, pero en este momento del ejercicio solo debemos definir hasta dónde queremos llegar en cinco o diez años, por ejemplo:

- convertirse en el CEO de la empresa;
- ser el director comercial de la organización;
- ser el líder de producción de la empresa;
- estar en el *board* de directores;
- ocupar una vicepresidencia importante del negocio;
- ocupar una posición donde se tome decisiones globales en la organización;
- contar con una posición de liderazgo en el área de mercadotecnia.

Y aquí tenemos un ejemplo de cómo trazar el reto del siguiente año. Vamos a considerar una estrategia de crecimiento para el primer año, como lo define la **R** del reto para los siguientes doce meses, usando el siguiente ejemplo con la primera **C** de crear la siguiente visión:

- ser el director comercial de la organización en 5 años.

Primero que nada es muy importante clarificar que esto es lograble, siempre y cuando la posición actual y la experiencia que se tenga hasta ese momento sea la adecuada para plantearse un camino y llegar en cinco años a esa posición. Si el punto de partida es de recién ingreso, por ejemplo, tal vez esta visión podría ser a diez años y no a cinco años.

Vamos a considerar que la posición actual del candidato es un gerente comercial y arriba de él tiene a un subdirector, es decir, está a dos niveles de lo que se está buscando.

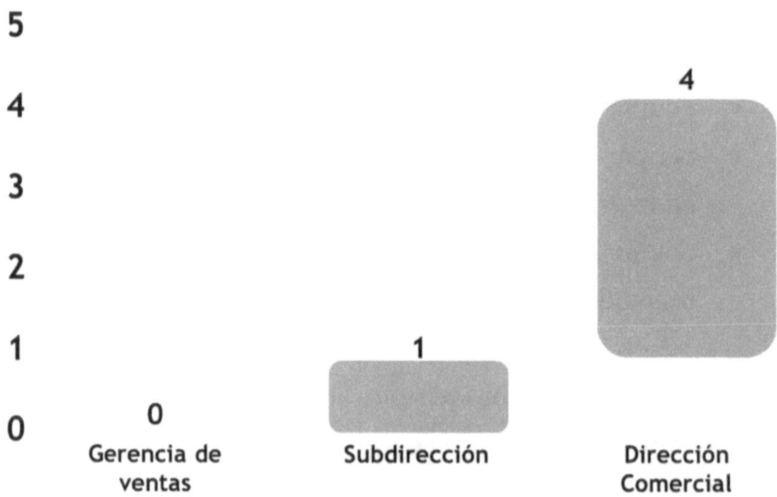

En esta gráfica, podemos representar que ya tienes al menos cinco a diez años como gerente comercial con un desempeño adecuado, bien evaluado por tu equipo y con resultados extraordinarios en tu trayectoria, por lo que el cero representa que estás listo para buscar la subdirección.

Trazaremos un modelo de establecimiento de objetivos con tu propio jefe y con el equipo de recursos humanos, en donde declares estar listo y solicitas participar en cualquier vacante a nivel subdirección que se presente.

En este espacio, encontrarás una serie de acciones que podrás establecer en los primeros doce meses, como lo define la metodología, considerando que la visión es a cinco años.

Durante los siguientes doce meses, mis recomendaciones son las siguientes:

1. Hacer el planteamiento oficial, de ser posible obtener recomendaciones de tu jefe y de RRHH para lograrlo.

2. Conocer el perfil de cualquier subdirector, en términos de experiencia, nivel de estudios, etc.

3. Buscar hacer un planeamiento para ir teniendo logros y alcances cada mes en términos de estudios, resultados de gestión, capacitación, desarrollo, etc.

4. Buscar entrevistas con diferentes áreas al nivel subdirección, además de seguir impulsando y dando a conocer tus expectativas.

5. Realizar un reporte mensual de avances para compartirlo con tu jefe y RRHH, el cual deberá ser alcanzable, retador y, sobre todo, medible. Este reporte consolidará tu interés por alcanzar tus metas y tener, al menos, un gran argumento del por qué estas más que listo para un siguiente nivel.

6. Y el más importante: ser diferente. De alguna forma debes diferenciarte y construir tu marca persona, con el fin de ir definiendo cómo quieres que te identifique la organización, ya sea como una persona creativa, talentosa, constructiva, exigente, negociadora, autoritaria, altanera, grosero, etc. Es una gran responsabilidad el crear lo que quieres que los demás vean en ti, de esta manera, tu personalidad te ayudará a incrementar la posibilidad de crecer en la organización.

Séptimo capítulo
Historia de mi amigo el inversionista

El modelo CRECE aplicado a inversionistas

Storytime

Esta será, quizás, la historia más aspiracional que tenemos muchos humanos, bueno, al menos en mi caso, ya que estoy seguro de que para muchos este nivel no es algo que les gustaría que pasara en sus vidas.

La historia inicia en el Tec de Monterrey, en el estado de México, en donde tuve la oportunidad y el privilegio de estudiar becado. Fue ahí donde conocí a un estudiante extraordinario, que siempre cargaba un portafolio en las diferentes clases que teníamos y de forma muy misteriosa siempre andaba de traje, lo cual lo hacía sobresalir del resto de los estudiantes que, en realidad, poco nos interesaba el vestir de esa manera y mucho menos todos los días.

Era muy común que los viernes visitáramos una tiendita que vendía cerveza cerca del Tec, le llamábamos «La curva» y fue en donde un día por fin platiqué con este personaje del cual voy a hablar en este último capítulo. Se trata de mi amigo el inversionista, un tipo fuera de serie que, desde muy joven, empezó a apostar a diferentes negocios, en sus inicios trabajando como cualquier ser humano, con un jefe y en una estructura formal pero, en paralelo, moviendo su dinero. Sí, así como lo lees, él contaba con recursos que usaba para comprar acciones de empresas y esperar a que subieran de valor para venderlas y generar un ingreso. Si bien a esa edad las personas comunes y corrientes no contamos con un cúmulo de dinero para vivir, menos podríamos contar con recursos para invertir, pero él sí lo estaba logrando.

Desconozco si recibió alguna herencia o de dónde salía tanto dinero, pero él tenía claro lo que iba a hacer con sus recursos a corto, mediano y largo plazo, siempre esperando que mejoraran las condiciones de sus acciones para poder ganar.

Uno de esos viernes, me acerqué a él y le pregunté por qué traía un portafolio a la escuela cuando el resto de los estudiantes llevábamos una mochila sencilla. Fue allí cuando, después de un primer trago a su cerveza, me contó lo que hacía mientras que yo me sentía muy emocionado y a la vez desilusionado de mí mismo por no tener la capacidad de mi amigo y, mucho menos, la posibilidad de tener dinero extra para hacer lo que él hacía. Era un alumno regular, nada de qué sorprenderse, pero le importaba más seguir invirtiendo y ganar dinero que poner atención a las clases. Y yo pensando que lo importante era sacar diez en los exámenes, ¡qué sorpresas te da la vida!

Ser un inversionista al llegar a una edad madura, tal vez sea uno de los objetivos que muchos tenemos; el saber que tu vida puede continuar sin la necesidad de estar acudiendo a una oficina o viajando cada semana, sin que esto te afecte económicamente, creo que es muy aspiracional. Quizás es el mejor escenario para aquellos que hemos trabajado por mucho tiempo, porque eso nos puede poner en una posición de hacer lo que de verdad nos gusta sin poner en riesgo nuestra situación económica.

En mi caso, al llegar a los 50 años, disfrutaba mucho de lo que hacía en ese momento, en realidad lo gozaba, sobre todo porque tenía la posibilidad de ayudar a muchos empresarios a darles visión, a acompañarlos en sus sueños y facilitando la posibilidad de alcanzarlos. Por eso no me sentía desesperado por retirarme, pero estoy seguro de que todos llegaremos a una edad en donde preferimos abrir la computadora para ver cuánto nos está generando nuestras inversiones y apagarla una hora después para salir a caminar con nuestra esposa y nuestra mascota al parque más cercano.

Mi amigo era demasiado joven para estar apostando tanto dinero pero, sin juzgarlo ni cuestionar su posición, traté de aprender de él, pues en ese entonces dedicaba parte del día a revisar qué acciones bajaban y cuáles subían, qué empresas se fortalecían y así cambiarlas para maximizar su utilidad. Recuerdo que me llegó a comentar que era importante tener diferentes canastas, para no incrementar el riesgo de pérdidas por apostarle a una sola.

En la actualidad, con mi empresa familiar, la que he construido junto con mi esposa y mis hijas, estamos buscando tener un número de diferentes fuentes de ingreso para poder estar seguros que cuando llegue el día en que deba retirarme, el dinero que reciba a partir de ahí sirva para viajar y disfrutar de la vida y no para pagar deudas o costos fijos, ya que la idea inicial es que esos costos fijos operativos de la familia sean pagados por esas fuentes de ingresos que estamos desarrollando. En mi caso, tenemos inmuebles en renta, inversiones generando utilidades, ahorros a largo plazo y un par de negocios en marcha, los cuales cuidamos para que vayan creciendo y lleguen al nivel que estamos buscando.

Mi amigo tenía diez fuentes de ingreso diferentes, es decir, diez apuestas diferentes con el mismo número de expectativas.

¿Te imaginas tener diez fuentes de ingreso diferentes a tu sueldo? ¿Te imaginas que esas fuentes de ingreso sean mayores a los gastos fijos que tienes para vivir cómodamente? ¿Te imaginas estar trabajando en lo que te gusta, mientras tus inversiones generan lo necesario para vivir? ¿Te imaginas que tu sueldo sirva para seguir invirtiendo o para pagar los viajes de tus sueños?

Bueno, eso es lo que quiero dar a conocer en este capítulo. Primero, el no esperar a llegar a una edad madura para iniciar con diferentes fuentes de ingreso; segundo, iniciar ya, en este momento, dejar de pensar que necesitas hacer algo especial para generar nuevos ingresos y, tercero, considerar un cambio de mentalidad para dejar de trabajar para ganar dinero y pagar tus gastos fijos mensuales, para pasar a generar dinero para invertir y construir el mayor número de fuentes de ingreso para tener una libertad financiera en el menor tiempo posible.

Construye fuentes de ingreso chicas, medianas y grandes, hasta que por sí solas paguen tus costos fijos mensuales, mientras los extras puedes usarlos para reinvertir y disfrutar de la vida.

Hace poco —y solo por morbo— busqué a mi amigo en internet y para mi gran sorpresa seguía en el mundo de las finanzas. Llegó a ser director ejecutivo de una empresa prestamista no bancaria y, en ese momento, estaba empujando a su propia empresa hacia la liquidación, preparando el escenario para una disputa legal sobre la mejor forma de pagar a los acreedores los dos mil quinientos millones de pesos adeudados. Parece que no era el mejor momento para mi amigo, a pesar de salir en la portada de una de las revistas más especializada en el mundo de los negocios y de las finanzas.

No tenía otra opción más que liquidar su empresa, lo cual de seguro debe haber sido un momento triste para su historia o quizás no, conociendo la valentía que tenía desde joven, tal vez tenía todo bajo control y esa era una forma de seguir adelante y no necesariamente se podría considerar un fracaso en su trayectoria. Eso solo lo sabe él, pero estoy seguro que su ambición y su gran talento para manejar sus recursos financieros lograrán estabilizar su negocio, porque de algo estoy seguro: él seguirá operando y mostrando de qué está hecho.

A veces si es valentía pero a veces, más bien, es saber que algo es posible y que desconocíamos que lo era. Para mí, a pesar de haber pasado por mi etapa de empresario, la realidad es que mi mayor apuesta en esos momentos era comprar tela o productos a un precio adecuado, para maximizar mi margen y tener utilidades. Nunca pensé en invertir en otros negocios, solo en mi propia operación; prefería comprar materia prima extra cuando había excedentes de flujo que pensar en apostar en la bolsa, por ejemplo, cuando quizás pude reducir el riesgo de mi propia empresa teniendo inversiones ajenas a mi propia operación.

Proponer el modelo CRECE a una persona como mi amigo, quizás sea lo más tonto que pueda hacer. Desconozco si él operaba con una visión a largo, mediano o corto plazo, aunque los dos últimos los veía con claridad, ya que al observarlo todos los días haciendo sus operaciones de inversiones, a veces interrumpiendo sus clases regulares, demostraba que estaba al pendiente de ese corto y mediano plazo. No sé si quería llegar a algún lado en determinado tiempo, es decir, si en cuanto a la C de crear una visión en cinco o diez años tenía claridad de adónde quería llegar y ese va a ser el único cuestionamiento que podría hacerle, pero quiero pensar que sí tenía una visión clara.

No obstante, muchas veces, el día a día, no nos permite ver hacia dónde queremos llegar y solo operamos por operar, por producir y por alcanzar metas cortas, sin saber si estas nos llevarán a un destino bien definido y con argumentos sólidos del por qué queremos llegar a él.

Lo que te puedo recomendar es que vivas con intensidad tu vida, pasando por las diferentes facetas que te toque vivir. En mi caso, mi vida ha sido como una campana de Gauss.

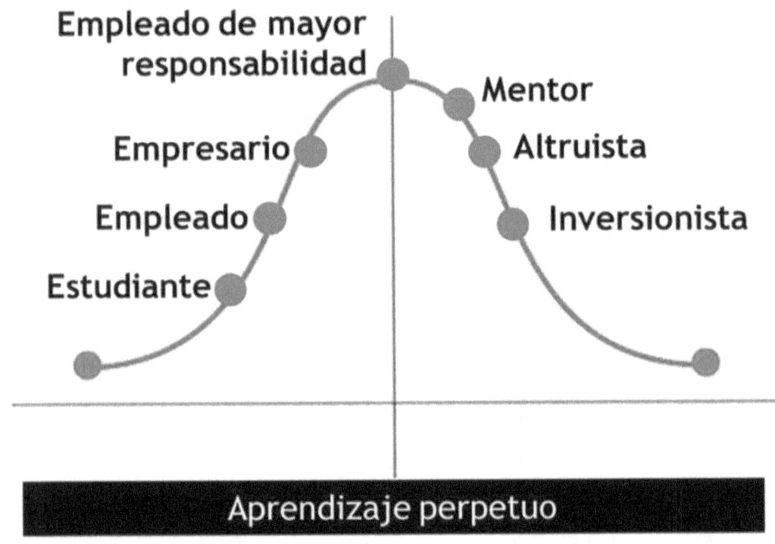

Debo insistir en que no hay recetas secretas, es solo mi recomendación, basada en mi experiencia.

Corramos pues, la metodología CRECE para este grupo de inversionistas.

Crea una visión y cree en ti (largo plazo-5 años).

Reto para ir en la dirección correcta a la velocidad necesaria (tendencia; mediano plazo-1 año/12 meses; siguiente año).

Enfoca tus esfuerzos en los puntos rojos (corto plazo-todos los días).

Check up, ¿estamos preparados para dar el primer paso?

Encuentra la felicidad en el camino.

Uno de los aspectos más importantes de este grupo es que la parte mínima básica de ingresos esté cubierta y no haya de que preocuparse, por lo que vamos a considerar esta definición para desarrollar el concepto de crear una visión, tomando en cuenta esa primera aseveración.

Crear una visión para este grupo, podría integrarse por los siguientes aspectos:

- Una economía sana, contar con un control de tus gastos y tener un fondo de emergencias que te permitirá tener mayor seguridad a la hora de invertir. No puedes hacerlo si no tienes cubiertos tus gastos principales y no cuentas con un excedente de tu principal ingreso, que puede ser tu sueldo versus tus gastos. Regla de oro: tus ingresos siempre deben estar por arriba de tus gastos.

- Considerar, siempre, una diversificación de tu portafolio de inversiones, teniendo siempre empresas con alto potencial de crecimiento o, al menos, que en los últimos años haya cumplido con sus expectativas, altas o bajas, no importa, pues lo importante es que se cumplan sus estimaciones. Es más valioso llegar a donde se piensa llegar que tener altas expectativas y no cumplirlas o, viceversa, tener bajas expectativas y superarlas. Es lo mismo.

- Analizar, analizar y analizar. Necesitas tener lista toda la información necesaria para que puedas tomar las mejores decisiones; si no cuentas con información, cómo funciona una empresa o una operación, no te arriesgues, no apuestes por ella. Es mejor perder una oportunidad que no entendías que ganar con otra que te llevó tiempo entender.

- Tómalo con calma, hazte la pregunta cinco veces. ¿Por qué?, ¿por qué?, ¿por qué?, ¿por qué?, y ¿por qué? Reflexiona si la decisión que vas a tomar es la más adecuada para el momento que estás viviendo. Es mejor tomar tus réditos en el tiempo que consideraste, que espantarte y sacar tu dinero con pérdida. No te preocupes por el tiempo, recuerda que lo que está en juego es tu patrimonio.

- Hazte responsable de tu elección y corre el riesgo. Como tienes el control de tu capital, considera que algunas apuestas pueden no ser ganadoras, pero que eso no ponga en riesgo todo tu modelo de inversión. Aquí cabe el conocido refrán de: «no todos los huevos en la misma canasta».

- Ya sabes, largo, mediano y corto plazo, con escenarios de referencia, optimistas y pesimistas. Siempre debes ver tus inversiones como un juego de ajedrez, en donde tu reina y tu rey, es decir, tu capital y tu patrimonio no se pongan en riesgo, pero que tu alfil, tu caballo y tu torre vayan a la conquista.

- La prudencia y paciencia son los dones de los inversionistas. Los réditos se construyen paso a paso, sin prisa.

Algunos ejemplos de la **C** de crea una visión y cree en ti (largo plazo-5 años):

- Contar con un crecimiento de tu capital del 50 % en los siguientes cinco años.
- Que tu patrimonio se multiplique por dos en los próximos cinco años.

- Incrementar los réditos de tus inversiones en un 30 %, a través de los movimientos en las acciones de ciertas inversiones en los siguientes cinco años.
- Duplicar las inversiones en cierto mercado, con el fin de incrementar los réditos en 25 % por los siguientes cinco años, descontando la inflación.
- Invertir en aquella combinación que te dé un 12 % de réditos anuales por los siguientes tres años consecutivos.
- Llegar al primer millón de dólares en inversiones de diferentes tipos de instrumentos.

Para continuar con el ejemplo, vamos a considerar la siguiente visión:

- «Que tu patrimonio se multiplique por dos en los próximos cinco años».

RETO PARA IR EN LA DIRECCIÓN CORRECTA A LA VELOCIDAD NECESARIA (TENDENCIA; MEDIANO PLAZO–1 AÑO/12 MESES; SIGUIENTE AÑO)

Vamos a considerar que en los actuales momentos tenemos un patrimonio total de cuarenta coma cinco millones de pesos:

Tabla 15

Patrimonio

Casa ciudad	$5,000,000
Departamento ciudad	$3,000,000
Casa descanso	$4,000,000

Departamento 1	$2,000,000
Departamento 2	$5,000,000
Departamento 3	$3,000,000
Inversión a LP	$4,000,000
Inversión a MP	$5,000,000
Inversión a CP	$2,000,000
Camioneta 1	$1,000,000
Camioneta 2	$800,000
Auto 1	$1,000,000
Auto 2	$900,000
Auto 3	$800,000
Fuente de ingreso 1	$1,000,000
Fuente de ingreso 2	$1,000,000
Fuente de ingreso 3	$1,000,000
Total	**$40,500,000**

Por lo tanto, el reto es doblar este monto y lograrlo en cinco años, es decir, un patrimonio de ochenta y un millón de pesos. Para ello vamos a distinguir los diferentes activos con que contamos y convertirlos en una fuente de ingresos.

Cambia tu forma de pensar, deja de pensar en gastar y enfócate en invertir. Si logras tener cinco o diez nuevas fuentes de ingreso, irás en el camino adecuado para ser un gran inversionista.

En esta historia, esta persona tiene varios bienes muebles e inmuebles sin ser usados y, además, cuenta con un sueldo por trabajar en una empresa privada que le ayuda a sus gastos fijos. Él tiene un sueldo de doscientos mil pesos al mes y unos gastos fijos de ciento cincuenta mil pesos.

La diferencia principal entre los bienes muebles e inmuebles es la capacidad para trasladarse: los bienes muebles pueden cambiar de lugar, sin afectar a la estructura o valor de los mismos, mientras que los bienes inmuebles no pueden moverse sin sufrir un deterioro o perjuicio, por lo que si esta persona quiere hacer CRECER su patrimonio, será necesario poner a trabajar sus bienes e invertir en algunos proyectos para consolidar varias fuentes de ingreso.

Aquí veamos el ejemplo a través de los famosos *building blocks*:

Tabla 16

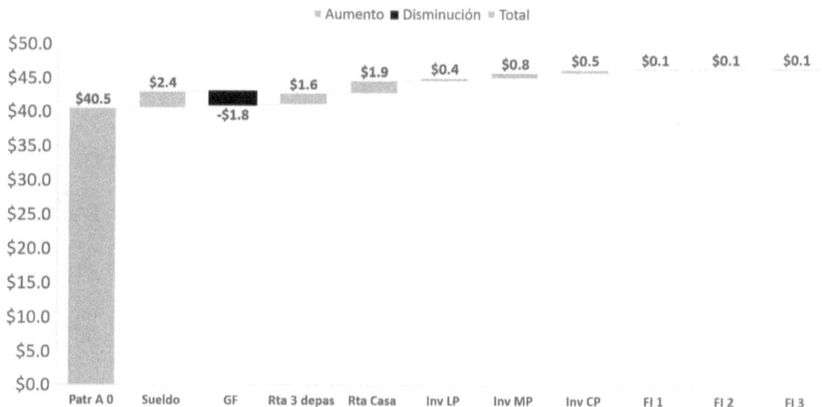

Estos son los siguientes *assumptions* para este caso:

El departamento en la ciudad y la casa de campo no los está usando en todo momento, por lo que la mejor idea sería rentarlos para que generen réditos mensuales y tengan un impacto anual. De la misma forma, cuenta con otros tres departamentos más que ya los estaba rentando y ahora hay que considerarlos en la estructura de BB como parte de ese crecimiento de patrimonio.

Asimismo cuenta con tres inversiones, a largo, mediano y corto plazo, cada una de ellas con sus réditos en cierta línea del tiempo, pero para este ejemplo debemos de considerarlas porque están afectando de manera positiva el modelo, aunque ese dinero no vaya a llegar en ese momento, sin embargo se tienen esos niveles de monto de manera mensual y anual. Los autos no se van a usar para la generación de ingresos, ya que esos los usan los diferentes miembros de la familia; de hecho, se deben de considerar como generadores de gastos.

Por último, esta persona tiene que generar al menos tres nuevas fuentes de ingreso para que puedan consolidar el monto del primer año, es decir, son inversiones que independientemente de su ROI —o retorno de su inversión— se hacen para generar otras fuentes de ingreso, considerando que, en algún momento, ese retorno se cumplirá y ya quedará como una nueva fuente de ingresos que contribuye al crecimiento esperado. Veamos entonces:

Patrimonio actual	40.5 mdp
Patrimonio esperado en cinco años	81 mdp
Crecimiento anual esperado	15 %
Crecimiento estimado en el primer año	6.6 mdp
Considerando las nuevas fuentes de ingreso e inversiones se logrará tener	5.5 mdp

En este momento, hay dos opciones: quedarse con un déficit y el año dos compensar esta falta de ingresos o buscar una o dos nuevas fuentes de ingreso más para lograr ese crecimiento.

ENFOCA TUS ESFUERZOS EN LOS PUNTOS ROJOS (CORTO PLAZO-TODOS LOS DÍAS)

Este inversionista debe de considerar que cada minuto que pasa sin avanzar en su plan es posible que impacte en el resultado final, por lo que es necesario definir los puntos clave que deben de tener un foco especial para no tener este problema. En este caso los puntos rojos son:

- La renta de la casa de campo y del departamento de la ciudad, más las tres nuevas fuentes de ingreso en donde estará invirtiendo cierto monto para convertirlo en ingreso directo. La recomendación sería contratar a una inmobiliaria para que se haga cargo del primer bloque y buscar a través de la empresa en donde tiene sus actuales inversiones tres nuevas herramientas que le den los réditos esperados para ello. Una vez que se han definido los puntos rojos, se debe de revisar su avance todos los días.

CHECK UP, ¿ESTAMOS PREPARADOS PARA DAR EL PRIMER PASO?

Al revisar cada uno de los movimientos que debe de hacer este inversionista, hace su *check up* y se da cuenta de que la casa de campo y el departamento de la ciudad cuentan con muebles, por lo que deberá considerar rentarlas amuebladas, con lo que esto implica o generar una nueva fuente de ingresos, es decir, poner a la venta todo lo que hay dentro de esos inmuebles para que las familias que lo quieran rentar lo puedan hacer con los suyos.

En este caso, puede poner a otra persona como responsable a tomar fotos de todos los muebles y electrodomésticos que hay en esas dos propiedades y que los promueva para venderlos en Mercado libre o de segunda mano, lo que le traerá una nueva fuente de ingresos que no estaba considerada y, con ello, logrará detener el déficit que había encontrado en su modelo.

Por último, este inversionista hace una revisión general de sus cinco áreas propuestas:

- recreacional,
- social,
- espiritual,
- intelectual,
- física,
- salud.

Vamos a considerar como ejemplo que este inversionista está logrando el éxito financiero y económico, pero que tiene una preocupación por su peso. Diseña algunos cambios en su vida a través de rutinas que le permitan trabajar en su parte personal, tales como el ejercicio, la forma en que se alimentaba, el recordar agradecer todos los días por la gran posición en la que se encuentra y se propone ayudar a personas que tengan problemas por su vulnerabilidad a generar planes con su familia para estar con ellos e irse de viaje para disfrutar de su presencia, activa su mente leyendo un libro al mes y trabaja de manera cotidiana en su propio desarrollo tomando cursos de liderazgo y de mentoría para seguir creciendo. Esto le permite tener un plan de crecimiento económico y un plan de desarrollo personal siendo feliz.

Queda, pues, en tus manos el modelo CRECE para ayudarte a lograr lo que estás buscando en la vida y, en paralelo, ser feliz. Espero haberte podido ayudar o al menos entretenerte con las historias de mi vida. Te dejo una herramienta básica para que hagas tu proceso así como un ejemplo para que lo puedas comparar. ¡Gracias por leerme!

Octavo capítulo

Tu futuro en una hoja: una herramienta de apoyo para crear tu modelo CRECE

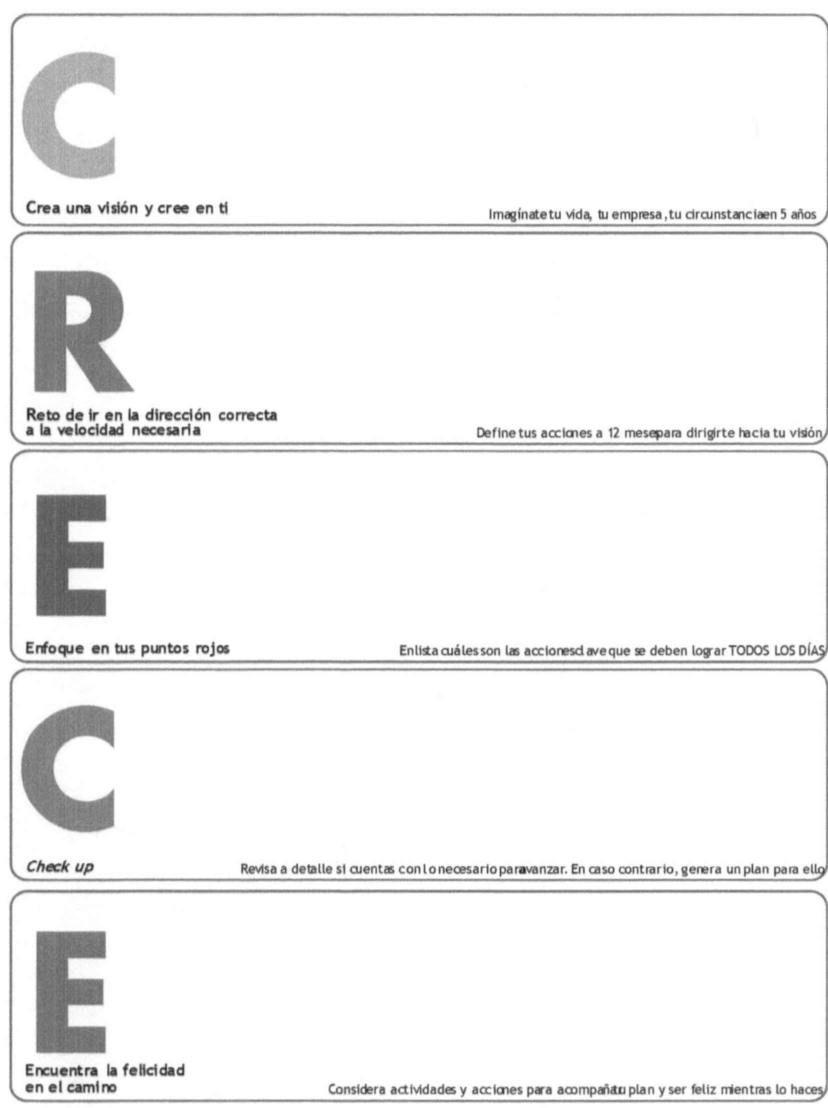

Ejemplo de llenado

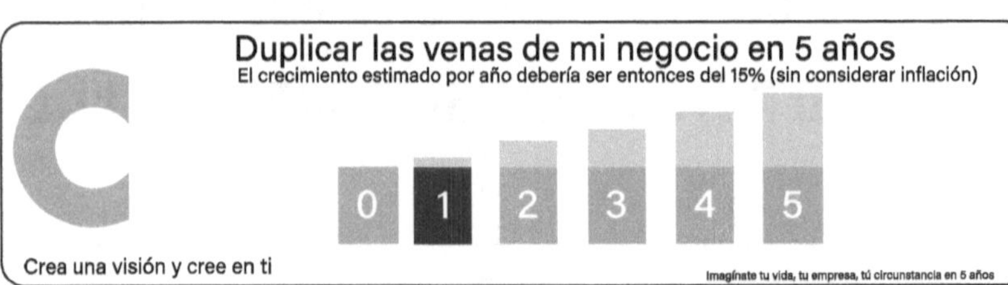

¿Cómo lograr la meta inicial el primer año?

El crecimiento estimado por año debería ser entonces del 15% (sin considerar inflación)

Cada mes estima que fuente no llegará a su meta

Y enfócate atendiendo a cadafuente en función de sus necesidades TODOS LOS DÍAS

Revisa si tienes todo para avanzar el primer año

Check list

Recursos financieros: ¿Cuánto voy a vender más y cuánto me va a costar?

Recursos humanod: ¿Tengo la forma de reclutar y contrtar al nuevo personal?

Recursos materiales:¿Qué equipo tengo que darle para que cumpla con sus funciones?

Evalúa como te sientes y qué quieres cambiar

AUTOEVALUACIÓN	PLAN
Recreacional	Ir al cine una vez al mes con mi familia.
Social	Reunión con amigos una vez al mes.
Espiritual	Dar las gracias diario/ tiempo espiritual.
Intelectual	Leer una página diaria de un libro.
Física	Caminar 30 minutos al día.
Salud	Dejar los refrescos.

CRECE feliz

@marcoteayuda

@marcoteayuda

@marcoescalonateayuda

Marco Escalona

marcoescalona

@marcoescalonacrecefeliz

marcoescalonateayuda@gmail.com

+52 55 3085 6315

Lecturas recomendadas

¡Emprende de una vez! (Eddy Edwards)

Un desvío desde la soberbia (Héctor Carbajal)

Propos-It. Propósito de vida y propósito empresarial (Sharif Laibe)

El latino que retó al mundo (Carlos Valdivia)